HUNTER CLARKE-FIELDS, MSAE
(Mestre no Ensino de Educação Artística)

Com apresentação de Carla Naumburg, PhD

criando bons humanos

MINDFULNESS NA EDUCAÇÃO DE CRIANÇAS CONFIANTES E FELIZES

• Prefácio de **ISA MINATEL** •

Tradução de Tássia Carvalho

Dados Internacionais de Catalogação na Publicação (CIP)
(Câmara Brasileira do Livro, SP, Brasil)

Clarke-Fields, Hunter
  Criando bons humanos: mindfulness na educação de crianças confiantes e felizes / Hunter Clarke-Fields; tradução de Tássia Carvalho; prefácio de Isa Minatel; apresentação de Carla Naumburg. – São Paulo: Editora Melhoramentos, 2021.

  Título original: Raising good humans
  ISBN 978-65-5539-346-0

  1. Crianças - Educação 2. Mindfulness (Psicologia) 3. Parentalidade I. Minatel, Isa. II. Naumburg, Carla. III. Título.

21-77471   CDD-158.1

Índices para catálogo sistemático:
1. Mindfulness: Atenção plena: Meditação: Psicologia 158.1

Cibele Maria Dias – Bibliotecária – CRB-8/9427

Título original: *Raising Good Humans: A Mindful Guide to Breaking the Cycle of Reactive Parenting and Raising Kind, Confident Kids*

Copyright © 2019 by Hunter Clarke-Fields
New Harbinger Publications, Inc.
5674 Shattuck Avenue
Oakland, CA 94609
www.newharbinger.com
Direitos desta edição negociados pela Millett Agency

Tradução de © Tássia Carvalho
Preparação de texto: Maria Isabel Ferrazoli
Revisão: Mônica Reis e Patrícia Santana
Capa, projeto gráfico e diagramação: Carla Almeida Freire
Imagens de capa: Angie Makes/Shutterstock e Simple Line/Shutterstock

Post-it é uma marca registrada da 3M. Tartarugas Ninja é uma marca registrada da ViacomCBS, Inc. Candy Land é uma marca registrada de Hasbro.

Direitos de publicação:
© 2021 Editora Melhoramentos Ltda.
Todos os direitos reservados.

1.ª edição, outubro de 2021
ISBN: 978-65-5539-346-0

Atendimento ao consumidor:
Caixa Postal 729 – CEP 01031-970
São Paulo – SP – Brasil
Tel.: (11) 3874-0880
sac@melhoramentos.com.br
www.editoramelhoramentos.com.br

Impresso no Brasil

SUMÁRIO

Prefácio 7
Apresentação 11
Introdução 15

Parte I – Quebre o ciclo da reatividade
1. Manter a calma 29
2. Desarmar os gatilhos 54
3. Praticar a compaixão (começa com você) 77
4. Lidar com sentimentos difíceis 96

Parte II – Crie filhos bondosos e confiantes
5. Ouvir para ajudar e curar 121
6. Dizer as coisas certas 139
7. Solucionar problemas com atenção plena 159
8. Estimular a vida em um lar tranquilo 180

Agradecimentos 203
Leituras recomendadas 204
Referências 205

Para minhas filhas, professoras fantásticas, fontes inesgotáveis de amor e alegria, milagres do Universo que me encantam. Obrigada.

PREFÁCIO

Estou com ela novamente. Passo o dia tentando ficar em paz, esforçando-me para viver e conviver bem com todos sem levar as coisas para o lado pessoal. Até que ela dispara: "Como é inteligente! Puxou o pai!".

Ela se referia a meu filho. O pai é o meu marido, e ela... bem, ela é a minha sogra.

Sinto o sangue ferver nas veias e nem preciso dizer que o meu cérebro, astuto e automático, chegou à conclusão "óbvia": "O menino é inteligente, porque puxou o pai? Eu sou burra, então, né?".

Esse era o meu cérebro com o "piloto automático" em ação. Atuando com grande ênfase no *viés de negatividade* – e ele não funcionava assim só com ela. Foi desenvolvido para atuar de maneira a me proteger de predadores e me manter viva. No caso, com alguns milhares de anos de distância do período em que fora evolutivamente programado, o meu cérebro considerava minha sogra uma predadora, e sua maneira de falar sobre o neto, uma ameaça. Um absurdo, né?

Mas o automatismo do nosso sistema límbico, que sente antes de pensar, e nosso viés de negatividade, que nos faz olhar para tudo procurando problemas, foram ferramentas essenciais para manter a nossa espécie no planeta Terra. Diante de um urso na iminência de invadir a caverna cheia de filhos, meu eu ancestral não poderia perder tempo pensando "e se não for bem essa a intenção do urso?" ou "e se ele estiver apenas querendo nos ajudar?", pois, se ficasse refletindo assim antes de ser tomado pela emoção que leva à ação (medo, raiva), isso poderia lhe custar a vida ou a vida de seus filhos.

Essa programação cerebral ainda vigora em nossas mentes. Só que agora não temos mais ursos nem filhos nas cavernas. Então, colocamos as pessoas e nossas relações nesses papéis, e essa vivência que relatei sobre mim é muito mais comum do que imaginamos nas relações cotidianas de muita gente – por exemplo, com nossos filhos.

Sim, o automatismo somado ao viés de negatividade parte também de nós mesmos e segue na direção de nossos filhos. Também colocamos marido, filhos e outras pessoas e seus comportamentos como predadores e ameaças. E isso acontece sem a chance de uma escolha deliberada por nossa parte. Não me leve a mal, pois tenho uma criança e você pode ter certeza que, ao acordar, não penso "hoje vou encarar meu filho como um predador e seu mau comportamento como uma ameaça, por isso vou gritar com ele e agredi-lo!". Não! Até porque, para fazer esse planejamento logo ao acordar, eu teria de usar a parte mais racional do cérebro, aquela que veio depois na evolução cerebral, o *neocórtex*. (E que também é a última a amadurecer nas crianças e nos adolescentes.) O que ocorre é que, na hora da confusão ou do ataque de birra, acionamos nosso *cérebro emocional* e reagimos sem pensar.

Tudo isso se soma ao fato de a maioria de nós não ter tido a chance de desenvolver a inteligência emocional; ao fato de não termos consciência sobre todos esses processos internos; e ao fato de não sabermos como fazer diferente.

Já chorei de raiva e desespero por não saber como agir.

Já peguei meu filho no colo, acalmando-o com apertos e sacudidas, por ter decidido não bater ou castigar, mas percebi, por fim, que aquilo não funcionava.

Já tentei, sem sucesso, adotar algumas das técnicas interessantes que eu ouvia sobre formas mais respeitosas de prover educação.

Até que, tempos depois, comecei a ter êxito.

Comecei a comemorar e a compartilhar resultados.

Comecei a perceber que havia mesmo um jeito de funcionar diferente.

Estive novamente com ela há poucas semanas. Houve comentários e colocações que me faziam claramente perceber meu cérebro diante de dois caminhos:

"Posso interpretar isso como ofensa e me chatear (seguindo o esquema antigo e automático da sogra que desempenha papel de predadora com o discurso que minha mente entende como ameaça), deixando meu sangue ferver e meu cérebro ser inundado por hormônios do estresse até o ponto de ficar hostil com ela e com todos."

Ou...

"Posso entender que essa é apenas a maneira como ela fala e se expressa e que isso diz muito mais sobre ela mesma e sua história de vida do que sobre mim; então, nem meu sangue nem minha química cerebral sofrerão alterações, de modo que ficarei em paz e todos estaremos melhor."

Ao conseguir escolher seguidamente a segunda opção (opa, agora eu estava tendo a chance de escolher deliberadamente! Não estava mais refém da minha programação interna), comecei a sentir verdadeira compaixão por ela. Percebi que não se tratava de aguentar, tolerar ou suportar o comportamento da outra pessoa, mas de ficar com o melhor daquilo que ela tinha a oferecer. Percebi o quanto eu havia dificultado as coisas para ela em anos anteriores, como eu havia endurecido o caminho de alguém que vinha de uma história difícil (todos temos carências e sofrimentos em nossas trajetórias, não é?). Senti até vergonha. Que preço alto eu pagava e fazia minha família pagar por não compreender como se dá o nosso funcionamento interno.

A ponte que me permitiu sair de um contexto em que eu só tinha uma única opção automática de receber, interpretar e agir perante o comportamento da minha sogra para chegar ao momento em que, claramente, percebia o caminho antigo e também os novos a serem escolhidos diante de estímulos semelhantes contou com a *meditação* como matéria-prima.

A meditação me trouxe a possibilidade de ativar o meu córtex pré-frontal e receber um estímulo com mais lentidão e consciência; ela me deu a chance de questionar aquela primeira interpretação que passava pelos filtros da minha história de vida, pelas minhas carências e feridas, pelas minhas crenças e referências do que era "sogra" e pelo meu modelo mental – e que, portanto, dizia muito mais respeito a mim mesma do que a ela; e me permitiu escolher a reação que conduziria o dia, aquela relação e a vida para um rumo de paz, compaixão, amor e felicidade.

E não seria essa a nossa busca maior? Ser feliz e criar crianças que sejam felizes?

Há recursos para mudar o sentimento de raiva que nos invade sem querer. Há recursos para não viver gritando com a criança. Há recursos para uma vida mais harmoniosa e feliz. E alguns deles estão bem aqui nestas páginas.

Se essa é também a sua busca, então o livro que tem nas mãos é um poderoso recurso prático e de fácil leitura para que alcance esse resultado. Poucas vezes me senti tão tocada e representada por uma obra como me senti ao ler esta. Por isso é uma honra deixar registradas aqui as minhas palavras e o meu estímulo a sua leitura.

Leia e exercite cada uma das práticas sugeridas, pois, como sempre digo, você pode ler muito sobre natação e assistir aos campeonatos, mas somente aprenderá mesmo a nadar ao entrar na piscina e treinar. Então... Mergulhe! E seja feliz sem limites!

Amor,

ISA MINATEL
Psicopedagoga, colunista da revista Crescer *e autora dos livros*
Crianças sem limites *e* Temperamentos sem limites

APRESENTAÇÃO

Meus primeiros anos no exercício da parentalidade foram, bem, uma confusão. Vivia exausta, irritada e profundamente desorientada. Sim, desfrutava bons momentos com minhas filhas, mas também perdia a paciência com elas. E muito. Enquanto outras mães adotavam uma "parentalidade de apego", ou seja, identificavam-se como "mães-tigre", eu aparentemente concordava com um estilo de parentalidade imprevisível e inútil. Afe!

Enfim, seguia uma jornada semelhante à que Hunter Clarke-Fields apresenta no início deste livro. Então, resolvi mergulhar em todos os fragmentos de conselhos aos pais com os quais deparei. Li livros, inscrevi-me em webinários e encontros virtuais e fiz planejamentos de parentalidade que constrangeriam os melhores organizadores de eventos. Estava determinada a mudar.

Mas não mudei.

Naquele momento, não percebi, mas eu não precisava de mais informações. Precisava de insights e estratégias bem fundamentadas. Precisava entender por que perdia a paciência e como manter a calma para colocar em prática todos os conselhos que recebia.

Até que, finalmente, encontrei meu caminho nas aulas de mindfulness[1].

Não me leve a mal. Eu estava bem cética. Achava que a atenção plena era uma onda passageira, não mais importante para os desafios da parentalidade do que os círculos de tambores que eu ridicularizava nos meus tempos de faculdade. No entanto, apesar de cética, estava desesperada por mudança, por cura ou qualquer coisa que me ajudasse a manter a calma nos momentos difíceis da parentalidade. Então segui em frente e me dei uma chance.

---

1 Em português, atenção plena. (N. da T.)

No decorrer dos meses e anos seguintes, aprendi que a atenção plena não tem nada a ver com círculo de tambor, kombucha[2] ou cabeça fria. Envolvia, sim, perceber os acontecimentos ao meu redor a cada momento. Em vez de avaliar ou surtar diante de tudo, aprendi a me sentir curiosa sobre o que observava. Talvez tenha mais relevância ainda destacar que aprendi a ser autobenevolente nos momentos complicados da parentalidade, pois, não se engane, mesmo estando muito consciente do seu papel, sempre enfrentará dificuldades.

A prática da atenção plena fez uma grande diferença em minha vivência da parentalidade. Quanto mais eu meditava, menos reativa me tornava. Quanto mais eu sentia estar prestes a enlouquecer com as crianças, menos provável seria que isso de fato acontecesse. Em vez de me repreender por meus erros, lembrava a mim mesma que a parentalidade é penosa para todos e que estaria tudo bem caso as coisas dessem errado. Recomeçar é sempre possível.

Depois de aprender a me acalmar, eu me vi diante de um novo problema: não tinha a mínima ideia do que dizer às minhas filhas quando não estava gritando com elas. Na verdade, eu ainda queria que parassem de chorar ou brigar ou discutir, mas agora, por não mais substituir o caos das crianças pelo meu, ficava sem palavras. De novo, precisei mergulhar nos conselhos referentes à parentalidade para literalmente aprender uma nova linguagem.

Ah, como gostaria que Hunter tivesse escrito *Criando bons humanos* uma década atrás.

Mas aí está a questão. Não o escreveu naquela época porque ainda continuava em sua jornada parental, sem dúvida similar à minha, mas exclusiva, pessoal como todas as jornadas. O fato de Hunter também ter vivido as alegrias e os desafios da parentalidade (e continuar a vivê-los até agora) é apenas um dos motivos da intensidade deste livro.

Todas as outras razões se relacionam a quem Hunter é e no que acredita, sintetizadas em minha citação favorita do livro: "Quer um

---

2 Bebida probiótica de origem asiática, de sabor levemente avinagrado, produzida por meio da fermentação de uma mistura de chá verde ou preto e açúcar. (N. da T.)

crescimento pessoal decisivo? Seis meses com uma criança em idade pré-escolar talvez sejam mais eficazes do que anos sozinha no topo de uma montanha".

Não se engane! Hunter encara com seriedade seu trabalho com os pais. Em retiros, treinamentos on-line, coaching individual e agora no livro, ela não se intimida e incentiva os colegas pais a buscarem um significativo desenvolvimento pessoal. Ela nos diz que o autocuidado vai além de mera opção, pois na verdade é nossa "responsabilidade parental". E mais, Hunter nos impulsiona a meditar e a lidar com nossos sentimentos desconfortáveis, levando-nos a considerar com toda a seriedade o papel que nossas escolhas como pais, desde gritar até castigar nossos filhos, desempenham no comportamento deles.

Hunter, no entanto, não nos deixa perdidos em conselhos vagos ou genéricos. O livro vem salpicado de perguntas que levam os leitores a conclusões e insights próprios e propõe também práticas baseadas em evidências, por exemplo, a meditação de atenção plena e de bondade e consideração pelos outros, livrando-nos dos pensamentos negativos, e o poder de dizer sim às nossas experiências e práticas específicas de escuta reflexiva. E bendito seja todo esse conjunto de coisas, pois precisamos exatamente disso. (Com certeza, eu preciso!)

Porém, um apelo sério à ação não é a única coisa de que pais sobrecarregados precisam. Nós precisamos também de alguém para nos lembrar de que, por mais sério que seja esse trabalho de parentalidade, não é necessário lidar com ele de forma tão séria. Sou muito grata pelo tom alegre e pelos lembretes compassivos de Hunter de que nem sempre temos de trabalhar de modo tão árduo, pois também precisamos encontrar maneiras de seguir com calma e relaxar sempre que possível.

A lista de insights, sugestões e possibilidades em *Criando bons humanos* é tão longa que talvez eu acabasse reescrevendo o livro inteiro se citasse tudo aqui. Conforme você mergulhar neste livro, considere estas poderosas questões (na verdade, divisores de água) que Hunter aborda na introdução:

O que você deseja para seus filhos? E pratica essas coisas na sua vida?

Caso responda à segunda pergunta de modo diferente de um claro e enfático *sim*, não se estresse. Você está no lugar certo. Quer tolerando uma birra, quer passando um tempo sozinho no topo de uma montanha, Hunter tem o mapa de que você precisa.

CARLA NAUMBURG, PhD
Mãe, assistente social clínica, blogueira que escreve sobre parentalidade consciente e autora do best-seller How to Stop Losing Your Sh*t with Your Kids[3]

---

3 Em tradução livre, "Como deixar de perder a calma com seus filhos". (N. da T.)

INTRODUÇÃO

> *Quando nos tornamos pais, muitas vezes nos vemos como professores de nossos filhos, mas logo descobrimos que eles também são nossos professores.*
>
> DANIEL SIEGEL E MARY HARTZEL

Minhas mais importantes vitórias como mãe decorrem de momentos de fracasso. Vou compartilhar um dos mais significativos.

Eu me sentei no andar superior de casa chorando. Não um choro suave, mas aos berros, enormes lágrimas jorrando, do tipo que deixa meu rosto vermelho e inchado, como se tivesse participado de uma luta por premiação. Mais importante, tinha a impressão de que meu interior fora espancado. Em outro cômodo, minha filha de dois anos também chorava, assustada com meu estado. O som do choro perfurou meu coração, iniciando outra onda de soluços ofegantes e melequentos. Enrolei-me em uma bola no piso de madeira, o rosto enterrado nas mãos.

Quem me contou que a parentalidade me faria sentir desse jeito? Ninguém. Ela deveria ser vivida da maneira centrada e suave com a qual encaro amorosamente meu filho, certo? Então, qual o problema comigo?

Eu estava em um estado deplorável. Mas, passado algum tempo, reconheci que essa coisa de parentalidade era mesmo D.I.F.Í.C.I.L. Levantei-me devagar, certa de que havia amedrontado minha filhota inocente. *Minhas* ações prejudicavam nosso relacionamento. Seria fácil culpá-la e tocar a vida, mas tive a presença de espírito de perceber que, em vez disso, poderia escolher recomeçar.

Sequei meu rosto lacrimejante e inchado com as mangas da roupa. Meu corpo parecia esgotado e trêmulo. Respirei fundo algumas vezes e abri a porta para confortar minha filha.

Naquele dia, no andar superior da casa, minha jornada começou. Seria bem mais fácil contar essa história se aquele fosse meu momento único e excepcional de cair na real. Gostaria de dizer que logo depois me recompus, jurei nunca mais gritar e vivi feliz para sempre como mãe. Mas na verdade tal situação já ocorrera inúmeras vezes, e depois disso ainda me sairia muito mal outras vezes.

Embora no passado eu não acreditasse nisto, hoje, com minha filha quase adolescente, desfrutamos um relacionamento mais próximo do que nunca. Ainda que me frustre, raramente grito com ela ou com sua irmã mais nova. As duas cooperam sem que eu necessite recorrer a ameaças ou castigos (98% das vezes).

Como essa mudança aconteceu? Porque me comprometi a usar estratégias provenientes da técnica mindfulness, da comunicação não violenta (também chamada de comunicação compassiva) e da resolução de conflitos. Este livro aborda isso. Nas páginas a seguir, você aprenderá como se transformar de pais estressados a bondosos e confiantes: equilibrados, calmos e habilidosos. As ferramentas apresentadas aqui ajudaram centenas de outros pais na construção de um relacionamento cooperativo e gentil com os filhos.

Daquele tempo de um sentimento quase permanente de frustração, iniciei uma missão épica para entender a mim e a minha filha. Li livros, frequentei diferentes recursos, participei de treinamentos e recebi certificados, empenhada em uma trajetória para mudar meus hábitos. Dupliquei meus anos de estudo da atenção plena e levei meu aprendizado ao cotidiano com minhas filhas. Aprendi não somente como parar de perder a calma, mas também como criar relacionamentos sólidos. Hoje minhas crianças cooperam porque assim *decidiram*, não porque eu as ameace. Com este livro, espero conduzi-lo a um atalho, auxiliando-o a evitar anos de estudo, treinamento e tentativa e erro, por meio de oito competências essenciais.

A PARENTALIDADE REAL

Antes de Maggie nascer, eu tinha um monte de opiniões sobre a criação de crianças. Imaginava que meu filho atenderia ansioso aos meus pedidos, sem nunca reclamar. Eu seria afetuosa, mas firme, e poderíamos nos relacionar bem. Criava imagens de nossos tranquilos passeios por museus de arte (isso mesmo; pode rir).

A realidade da infância me atingiu em cheio. Minha filha, além de não me ouvir, resistia a quase tudo que eu dissesse. Tínhamos conflitos diários. Meu marido, de natureza mais impassível, e eu começamos a vê-la como uma pequena bomba-relógio. Qualquer coisa desencadeava acessos explosivos de birra, acompanhados de gritos e berros que duravam (pelo menos assim pareciam) horas. Meus dias de tempo integral em casa com minha criança me deixavam nervosa e exausta. *O que estava errado com ela?* Por quê??? E logo a mamãe aqui também começou a ter acessos de birra. Caos total!

É impressionante rever o passado agora, observar nas fotos como ela era tão fofinha e lembrar como aquela fase foi complicada. Nós compartilhávamos uma alegria maravilhosa e transformadora, *e minha filha apertou botões que eu sequer sabia que existiam em mim.* Naquela época, desconhecia o fato de estar reproduzindo o temperamento do meu pai e, desse modo, perpetuando um padrão transmitido de geração a geração.

Se você vive irritado, frustrado, desiludido e com um sentimento de culpa, se grita, esperneia ou chora, acredite, não está sozinho. Quando minha filha era pequena, eu vivia assim: irritada, exausta, envergonhada da minha raiva e com um imenso sentimento de culpa.

No dia em que me sentei no chão do andar superior da casa, tinha duas opções: vergonha e culpa, desabando em um poço de desespero... ou aceitação dos fatos e aprendizagem. Então transformei a raiva em minha professora. Procurei *por que* vinha à tona. Percebi que, para ser mãe da melhor maneira que conseguisse, precisava ter mais calma, ser menos reativa e usar uma linguagem mais competente para reagir ao comportamento de minha filha, sem recorrer a ameaças que exacerbavam a situação.

A boa notícia é que, se eu consegui dar a volta por cima em meus caóticos e reiterados fracassos e construir relacionamentos sólidos, afetuosos e conectados com minhas filhas, *você também consegue*.

MUDANDO O PARADIGMA DA PERFEIÇÃO

Não é fácil. Nós, pais, somos receptores da mensagem de que sempre sabemos o que fazer: almoços saudáveis, casa arrumada, organização geral de tudo, enfim, excelência. E ainda devemos *manter* relacionamentos fantásticos com nossos filhos porque os "pais perfeitos" são sempre amorosos, pacientes e amáveis.

No entanto, na realidade, às vezes não *apreciamos* nossos filhos e às vezes nos comportamos com impaciência, gritos e atitudes tacanhas. Para a maioria de nós, pensar nesses passos em falso desperta um tipo de vergonha que soa insuportável. Cabe a você escolher a opção de chafurdar nisso ou usar esses momentos como catalisadores para aprendizagem e mudança. Convido-o a escolher a segunda opção.

Modelagem[4] em todos os momentos

O que queremos para nossos filhos? Quero que as minhas sejam felizes, que se sintam seguras e confiantes. Quero que se relacionem bem com os outros. Mais do que tudo, quero que se sintam confortáveis com quem são, ou seja, que aceitem a si mesmas.

E você, o que quer para seus filhos? Depois da resposta, vem a questão principal: *você pratica essas coisas em sua vida?*

Você já deve ter notado que as crianças tendem a ser péssimas em relação ao que falamos, mas excelentes quanto ao que fazemos.

---

[4] Modelagem é um tipo de aprendizado que se baseia na imitação do comportamento executado por um modelo, em geral outra pessoa. Esse processo ocorre diariamente e pode ser utilizado como técnica terapêutica para facilitar a aquisição e modificação de comportamentos. (N. da T.)

Já na infância, ensinamos nossos filhos a tratar os outros da maneira como são tratados por nós, pais; além disso, como reagimos a eles estabelece um padrão que talvez sigam pela vida toda. Portanto, é de nossa responsabilidade assumir comportamentos que desejamos em nossas crianças.

De que tipo de vida familiar você gostaria? Como deseja se sentir? Talvez calmo. Ou talvez menos solicitado e mais confiante em suas escolhas. Provavelmente quer mais cooperação. Então, convido-o a explorar suas respostas a essas perguntas no exercício a seguir. (É o primeiro de muitos neste livro. Sugiro-lhe que use um caderno como diário nomeando-o, por exemplo, de "Criando bons humanos", a fim de compilar tudo em um só lugar.)

> *Observação especial:* caro leitor, sei como é quando você chega a uma parte de um livro em que lhe pedem que faça um exercício. Na maioria das vezes, você pula essa etapa e continua a leitura. No entanto, este livro *exige* sua participação caso deseje alguma mudança significativa. Não é isso que queremos? Portanto, pense nestas páginas todas como um mergulho em uma maneira mais gratificante de parentalidade, e o exercício a seguir representa seu primeiro passo para além da plataforma. Você consegue! Agora, basta um caderno.

EXERCÍCIO

Como você se relaciona com sua parentalidade?

É importante que entenda com clareza como gostaria que sua vida familiar fosse no dia a dia e também o que gostaria de mudar para concretizar o que pretende. Reflita sobre as perguntas a seguir. Redija para cada uma seu nível de motivação. Coloque a data nesta página do caderno: trata-se de um registro dos seus sentimentos, dos comportamentos de hoje e daqueles que deseja para o futuro.

- Como você se sente sobre a parentalidade agora?
- Quais são as suas frustrações?
- Em vez disso, o que gostaria de sentir?
- O que gostaria de mudar no seu comportamento?

Modelando um viver consciente

Este livro irá ajudá-lo a modelar interações mais calmas e ponderadas com seus filhos. Você descobrirá como se comunicar de uma maneira que desperte nas crianças o desejo de cooperação. Entenderá a importância de cuidar de seus próprios gatilhos para que mostre a seus filhos como cuidar dos grandes sentimentos que os atingem. Desvendará como viver o que deseja que seus filhos aprendam.

Você deve ter presenciado pais gritando para a criança ficar quieta (ou talvez já tenha passado por isso). Nossos filhos enxergam a hipocrisia. Se quisermos que aprendam a ser bondosos e respeitosos com os outros (inclusive conosco), precisamos demonstrar bondade e respeito. Se quisermos que levem em conta as necessidades alheias, precisamos mostrar-lhes que levamos em conta suas necessidades. Se quisermos que sejam cordiais, precisamos usar palavras gentis com eles. Em síntese, tratá-los como queremos ser tratados. Precisamos agir como queremos que ajam. Muito simples, mas complicado no todo.

Hábitos de desconexão

Infelizmente, é um elemento cultural tratarmos as crianças como inferiores, e muitas vezes esperamos delas um comportamento que não demonstramos. Esperamos que sejam respeitosas, ainda que continuemos lhes dando ordens. Exigimos delas, mas nos surpreendemos quando são exigentes. Gritamos, ameaçamos e castigamos, demonstrando aos nossos filhos que o poder e a coerção são ferramentas constantes.

Portanto, não surpreende que isso cause falta de interação, ou desconexão, no relacionamento. Os filhos começam a criar ressentimentos com os pais, até que, adolescentes, já cansados desse tipo de tratamento, acabam se rebelando. Resultado, perdemos nossa capacidade de influenciá-los quando mais precisam: durante a adolescência. Às vezes, nossos relacionamentos continuam irreparavelmente comprometidos na fase adulta dos nossos filhos.

Considere uma opção melhor: use a comunicação amável e respeitosa que deseja que seus filhos aprendam. Seja menos reativo no momento e reaja ao seu filho de modo atencioso. Você precisa ter suas próprias necessidades atendidas e também criar limites, portanto, fale sobre eles sem culpa, vergonha ou ameaça. Comporte-se como a pessoa boa que deseja que seus filhos se tornem.

Mudando antigos padrões

Nas páginas seguintes, você conhecerá padrões familiares negativos às vezes transmitidos de geração em geração. Vislumbre esses padrões geracionais e seja motivado e aprenda com eles.

Decorridos alguns anos trabalhando meu problema de gritos excessivos, sentei-me com meu pai, que me contou as circunstâncias em que cresceu. Seus pais o espancavam com cinto, um comportamento hoje chamado de abuso traumático, mas que na época era considerado normal. Meu pai, por sua vez, dava-me surras.

Minha missão era mudar as coisas, ou seja, não castigar fisicamente meus filhos e tentar não gritar. Ambos vimos o progresso nesse sentido ao longo das gerações, mas, para mim, "não gritar" era pouco. Eu queria mais; queria criar relacionamentos baseados na cooperação e no respeito, e consegui. Os antigos padrões de brutalidade, raiva e ausência de interação têm sido transformados em minha família.

Sem mais ameaças

Neste livro, não existem sugestões para que você recorra a ameaças ou castigos por bons motivos: primeiro, quando ameaçamos nossos filhos, eles aprendem a ameaçar os outros. Segundo, a ameaça é uma ferramenta bem menos eficaz do que uma comunicação competente.

Portanto, aqui você vai conhecer ferramentas fundamentadas em pesquisas, as quais fomentam o bem-estar de todos. Criando um relacionamento mais forte com seu filho, conseguirá influenciá-lo mais. Não é um processo mágico, pois demandará muito trabalho, mas os benefícios serão perpetuados pela vida toda. Já vi isso acontecer reiteradas vezes com os alunos do curso de "Parentalidade consciente" que criei e no qual ministro aulas. Você conseguirá mudar padrões nocivos para as gerações futuras.

Quando minha filha mais velha era pequena, parecíamos viver mergulhadas em conflitos diários. Não somente fui péssima em lidar com os sentimentos mais complicados dela, mas também incorporava um modo de comunicação que agravava nossos problemas. Apesar disso, consegui mudar a situação recorrendo às ferramentas que vou lhe apresentar neste livro. Dessa maneira, vamos superar os conflitos com menos frustração e nos recuperar deles com mais rapidez. Meu marido e eu hoje convivemos com filhas bem colaborativas.

UM CAMINHO CONSCIENTE
PARA CRIAR BONS HUMANOS

A maioria dos livros sobre parentalidade não aborda o fato de que todos os bons conselhos voam pela janela quando sua reação ao estresse entra em ação – por exemplo, nesses momentos fica impossível para você acessar as áreas do cérebro que armazenam novas competências. Por essa razão, este livro mostrará como acalmar sua reação ao estresse (o interno banshee[5] reativo e furioso) e como se comunicar com seus filhos de maneira eficaz (para que interrompa o processo de resistência das crianças).

Você pode aprender a ter uma reatividade reduzida e uma comunicação eficaz por meio de oito competências que deve efetivar, mesmo com a vida tão agitada, a partir de agora:

- Práticas de atenção plena para acalmar a reatividade.
- Conscientização de sua história.
- Autocompaixão.
- Enfrentamento dos sentimentos complicados.
- Escuta atenta.
- Comunicação competente.
- Resolução consciente de problemas.
- Apoio para um lar em paz.

Muitos pais, diante dos desafios, das irritações e das frustrações da parentalidade, culpam os filhos. Se pudéssemos apenas "consertá-los", a vida seria melhor. No entanto, no lugar de culpar seus filhos, ou a si mesmo, convido você, leitor, a encarar as dificuldades e os estresses da parentalidade como se fossem seus professores, ou seja, coisas com as quais você pode aprender, em vez de apenas desejar que desapareçam.

Este livro está dividido em duas partes. A primeira aborda o trabalho básico e de cunho pessoal para acalmar sua reatividade. A segunda se dedica à comunicação competente e ao cultivo da paz em seu lar. Não pule a primeira parte! O trabalho interior constitui o alicerce fundamental para seu trabalho de comunicação.

Na Parte I, você conhecerá a prática da atenção plena como instrumento que o ajudará a reduzir sua reação ao estresse e a cultivar a compaixão. Momento em que terá consciência de sua história e descobrirá seus gatilhos. A seguir, vem a autocompaixão como atitude essencial

---

[5] Nome atribuído a fadas celtas que representavam o poder da voz nos seres humanos. Significa "mulher mágica" e veio do gaélico *Bean-Sidhe*, "mulher dos montes mágicos". (N. da T.)

para uma mudança positiva. Concluímos a primeira parte abordando a competência vital de lidar com os sentimentos complicados.

Na Parte II, apresentamos as competências de comunicação que vão estimular as crianças a cooperar e a ter relacionamentos mais positivos. Você descobrirá como ouvir para ajudar seus filhos a resolverem problemas e aprimorar seu relacionamento. Também aprenderá como falar para interromper a resistência da criança e descobrirá como resolver problemas sem recorrer a ameaças, visando a que as necessidades de todos sejam atendidas (inclusive as suas!). Por fim, conhecerá as práticas e os hábitos necessários para corroborar um novo lar cheio de paz.

Também incluí alguns bônus neste livro, por exemplo, meditações para pais, disponíveis para download no site (em inglês) http://www.raisinggoodhumansbook.com. Não deixe de visitá-lo para conhecer recursos complementares gratuitos.

Criei o curso "Parentalidade consciente" com base nas minhas batalhas diárias. Eu me sentia como se estivesse fracassando no trabalho mais importante da minha vida: ser mãe. Nos livros sobre parentalidade, havia excelentes conselhos que não consegui efetivar porque vivia frustrada e estressada. Precisava restabelecer minha prática de atenção plena para sair daquele estado. No entanto, minhas tentativas não me ajudavam a encontrar as palavras certas para falar com minha filha, palavras que não desencadeassem nela o gatilho da resistência.

Por fim, este trabalho veio junto com outro porque percebi que ambos se completavam. Eu precisava dos dois, assim como os pais com quem trabalhava. Atenção plena e comunicação competente resultam nas duas asas que nos permitem voar.

Não leve em conta apenas minhas palavras. Vivencie-as. Dedique-se não somente à *leitura* dos conceitos, mas também à *concretização* deles, isto é, aja: escreva, pratique e faça os exercícios. Também pratique o silêncio, o que talvez soe assustador no início, mas depois será valoroso. Você terá o retorno desse investimento, portanto, aja como um cientista e teste essas práticas em sua vida.

Agora, mergulhe neste "Manifesto de parentalidade consciente". Como você verá, esta é a luz-guia que resplandece deste livro.

Manifesto da parentalidade consciente

A consciência parental versa sobre uma nova geração de pais e mães: pessoas presentes no aqui e agora, evolutivas, calmas, autênticas e livres.

A consciência parental rejeita a cultura do "não ser suficientemente bom", pois nós, pais, sabemos que, quando nos libertamos do estresse desnecessário e de histórias limitantes, nossa natureza autêntica e pacífica resplandece.

A consciência parental leva à prática da autocompaixão e ao enfrentamento dos desafios como mestres, encarando-os como caminho para a aprendizagem, não como defeitos.

A consciência parental valoriza a sabedoria em vez da reatividade, a empatia em vez da obediência, e o começar de novo todos os dias.

A consciência parental conduz os pais a viverem o que querem que os filhos aprendam, sabendo que a melhor parentalidade é o exemplo.

A consciência parental promove a imersão dos pais para dentro de si mesmos de modo que fiquem em silêncio para acessar a própria energia.

A consciência parental fomenta a prática da presença, a criação de experiências próprias, a compreensão das imperfeições e o amor a si mesmo.

A consciência parental significa pais motivados, sabendo que, a cada passo, estão mudando as coisas para as gerações seguintes.

Eu sou assim.

PARTE I

quebre o ciclo da reatividade

CAPÍTULO 1

MANTER A CALMA

*Você não pode parar as ondas,
mas pode aprender a surfar.*

JON KABAT-ZINN

Imagine esta situação: são 8 horas da manhã, você tem um dia cheio pela frente e seu filho precisa chegar à escola *às 8h15*. O diretor já enviou a *advertência* de que a criança se atrasa com muita frequência. E ela está enrolando de novo com trocas de roupa e ainda sem escovar os dentes.

"Filho, agilize aí ou vamos nos atrasar!", você grita várias vezes em vão; ele não aparece. Até que você resolve entrar no quarto para ver o que está acontecendo; jogado no chão, ele grita: "Eu não vou pra escola!".

No que pensou ao ler essa cena? Como seu corpo reagiu? Sinto minha pulsação acelerada, o sangue começando a esquentar. Travo o maxilar. Afloram sentimentos de desamparo, ansiedade e frustração. Pensamentos de impaciência, minha voz interior brada raivosa sobre a situação.

Agora vem a parte importante: essas reações *acontecem por si mesmas*. Não "escolhemos" acionar nossos pensamentos de frustração, sentimentos de desamparo ou reação fisiológica ao estresse. Reagimos no *piloto automático*. O estresse está dirigindo o show, impondo nossa reação. Portanto, as palavras explodem. Nosso script no piloto automático repete, com frequência, a mesma linguagem de nossos pais nessas situações.

PROGRAMADOS PARA REAGIR

Nosso comportamento reativo indica que estamos no pior quesito da parentalidade. Imagine se, em vez do piloto automático da reatividade, você (falando com a mesma voz de sua mãe) reagisse com sensatez a esses momentos? O que mudaria?

Iniciaremos este capítulo abordando o sistema nervoso e como ele afeta nossa parentalidade. A seguir, apresentarei práticas que o ajudarão a neutralizar essas tendências e a minimizar sua reatividade.

O que é a reação ao estresse?

Você consegue senti-la. Sob estresse, nosso corpo reage quase de imediato: o batimento cardíaco acelera e a pressão arterial e a frequência respiratória aumentam com o objetivo de nos ajudar a lutar contra uma ameaça ou a fugir para um lugar seguro. A reação ao estresse foi um importante elemento de ajuda na sobrevivência de nossos ancestrais quando precisavam reagir com rapidez às ameaças, porque, *literalmente, esse tipo de reação elimina nosso acesso* ao cérebro superior (conhecido como a parte capaz de raciocinar e resolver problemas), que só iria atrapalhá-los e atrasá-los. Os humanos ancestrais não teriam sobrevivido se fizessem uma pausa que lhes permitisse pensar em como salvar os filhos de um tigre-dentes-de-sabre. Precisávamos de reações rápidas. No entanto, no mundo atual, essas reações ao estresse no piloto automático muitas vezes nos trazem problemas.

Existem razões biológicas e evolutivas pelas quais "saímos de órbita", ou seja, perdemos o controle. Na verdade, sob uma perspectiva evolucionária, eu defenderia que *nem mesmo somos culpados* quando isso acontece. "Sair de órbita" é uma reação automática porque o *cérebro percebe* de modo equivocado uma ameaça. E os conflitos com nossos filhos podem desencadear esse tipo de reação. *Não escolhemos* agir assim, mas veremos que é possível moderar seus efeitos.

Também não é uma escolha consciente focarmos só nos problemas. Devido a essa conexão inata com a sobrevivência, somos propensos a um estado de alerta em relação a ameaças – *um viés de negatividade*. O cérebro inferior garante a percepção do negativo com mais facilidade, elemento útil na luta pela sobrevivência. No entanto, hoje esse mesmo viés pode comprometer a *interação* pais-filhos (conhecida como a liga que facilita a parentalidade). Enxergamos os momentos *não* cooperativos de nossos filhos, mas e os cooperativos? Enxergamos o egoísmo deles, talvez até deixando de lado a sua generosidade. Enfim, o modo como enxergamos nossas crianças pode se tornar limitado e tendencioso.

Se não for examinada e controlada, nossa biologia pode nos levar a uma experiência negativa da parentalidade. Mas não precisa ser assim. Vamos compartilhar comprovadas ferramentas e práticas que mudarão as coisas.

O que acontece no interior do cérebro

De início, observemos mais de perto o que acontece no cérebro que está "perdendo o controle", "saindo de órbita", começando com a reação ao estresse no cérebro inferior. Embora o cérebro seja feito de redes interconectadas, vale a pena pensar nas partes mais profundas dele – o tronco cerebral e a região do sistema *límbico* – como as áreas majoritariamente responsáveis por nossa reação ao estresse: luta, fuga ou congelamento.

Cientistas afirmam que essas áreas do cérebro controlam sobretudo as funções básicas do corpo (como respirar), reações inatas (como lutar, fugir ou congelar) e emoções fortes (como sentir raiva, medo e repugnância). As amígdalas – duas massas de substância cinzenta e em forma de amêndoa na região do sistema *límbico* – são consideradas o centro de nosso sistema de detecção de ameaças. No decorrer de milênios, elas e o sistema límbico foram aprimorados para detectar e reagir com rapidez a ameaças, mantendo-nos vivos. Esse fato é tão importante que essas reações ignoram as áreas superiores do cérebro, que lidam com os processos mentais muito mais lentos de tomada de decisão ponderada.

As áreas superiores do cérebro, sobretudo o córtex pré-frontal, localizado logo atrás da testa, em geral são responsáveis por processos mentais complexos, incluindo resolução de problemas, criatividade, planejamento, imaginação e ponderação (Siegel; Bryson, 2011). Essa área, portanto, forma o lar para os atributos de que precisamos como pais conscientes:

- Tomada de decisão racional.
- Controle emocional e físico consciente.
- Autoconsciência.
- Empatia.

Parentalidade comprometida

Tomar decisões conscientes e deliberadas depende de nossa capacidade de acessar as partes superiores do cérebro, a sede da compreensão e da empatia. No entanto, essa capacidade fica comprometida quando perdemos o controle, pois a reação do nosso corpo ao estresse afeta o funcionamento do cérebro superior. As reações no piloto automático ignoram o córtex pré-frontal. Vale a pena repetir: *literalmente, não conseguimos acessar a parte racional do cérebro quando o gatilho da reação ao estresse é disparado.*

Perder o controle não é decisão nossa, mas uma reação automática do sistema biológico. Portanto, para aprendermos a reagir de modo diferente, precisamos de uma prática com propósito. Isso também significa que a culpa por nossa reatividade *não* recai totalmente sobre nós. É possível que reagir de imediato tenha sido fundamental para nossos ancestrais. No entanto, nossas amígdalas desconhecem que vivemos em um mundo diferente hoje.

Também por essa razão a maioria dos conselhos parentais *não* funciona. Em geral, os experts em parentalidade negligenciam como devemos lidar com nossa reação ao estresse. Então, quando as coisas se complicam e nos estressamos, não conseguimos acessar nenhuma nova técnica de parentalidade que aprendemos. Apesar dos bons e bem-intencionados conselhos de livros e blogs, tudo parece voar pela janela quando nossa reação ao estresse entra em ação. Ficamos frustrados. Algumas vezes até concluímos que somos "péssimos" pais. Mas eu lhe aviso: *não há nada de errado com você! É apenas a sua reação biológica*, e existem ferramentas para lidar com ela.

Se a culpa está nesses arraigados processos biológicos, o que fazer? Felizmente, para você e para mim, existe uma intervenção comprovada pelo tempo: *meditação de atenção plena* ou *mindfulness*. Talvez você já tenha ouvido algo sobre o assunto pela explosão de matérias publicadas nos últimos anos, mas *é bem possível que ainda não o tenha compreendido bem*, ou talvez esteja pensando: *ainda estamos falando sobre parentalidade, certo?* Sim, *é verdade*, ainda estamos.

MINDFULNESS OU ATENÇÃO PLENA: O SUPERPODER DE QUE OS PAIS PRECISAM

A meditação de atenção plena é a ferramenta secreta que fará toda a diferença para diminuir a reatividade. Mas qual o significado de atenção plena? Minha definição predileta vem de Jon Kabat-Zinn, cientista, escritor e professor de meditação, que levou a atenção plena para a medicina convencional e para a sociedade: atenção plena é "a consciência que surge quando prestamos atenção ao aqui e agora, sem fazer julgamentos" (2018, xxxiv).

As pessoas incorporam muitos significados diferentes para a meditação. De acordo com nossos objetivos, ela se define como uma prática para treinar a mente a se tornar menos reativa e mais voltada ao aqui e agora. Portanto, por meio da meditação de atenção plena, nós nos capacitamos ao treino da nossa atenção no momento presente, *à não reatividade e à imparcialidade*. A atenção plena é uma competência que almejamos; a meditação de atenção plena é a ferramenta para desenvolvermos essa qualidade.

A meditação de atenção plena gera muitos benefícios e zero efeitos colaterais negativos. Pesquisadores da Universidade Johns Hopkins levantaram 47 estudos mostrando que a meditação de atenção plena ajuda a minimizar o estresse psicológico da ansiedade, da depressão e da dor crônica (Corliss, 2014). Outros estudos mostraram que ela maximiza a emoção positiva (Davidson, et al., 2002), fomenta a interação social e a inteligência emocional e, mais importante, aprimora a capacidade de regular as emoções (exatamente coisas de que os pais precisam!) (Fredrickson et al., 2008). Vivenciei todos esses benefícios e também os vi na vida dos meus clientes. Em outras palavras, praticar a atenção plena nos dá o senso de serenidade e os fundamentos de que precisamos como pais.

A meditação de atenção plena muda o cérebro

Com o tempo, a meditação de atenção plena pode desencadear uma mudança nos padrões de reatividade de nosso cérebro. *Não temos* ainda absoluta certeza de como isso acontece, mas exames de ressonância magnética mostram que, depois de um curso de oito semanas de prática de atenção plena, as amígdalas, centros de luta ou fuga do cérebro, parecem encolher. E mais, nesse processo, o córtex pré-frontal (*área associada a funções cerebrais mais complexas, como consciência, concentração, empatia e tomada de decisão*) se espessa!

Além disso, a "conectividade funcional" entre essas regiões – que com frequência são ativadas em conjunto – também muda. As conexões entre as amígdalas e o restante do cérebro enfraquecem, enquanto as conexões entre as áreas associadas à *atenção* e à *concentração* ficam mais fortes (Ireland, 2014). Isso significa que a meditação está mudando fisicamente o cérebro (uau!) de uma forma que minimiza nossa reatividade! Essa capacidade do cérebro de mudar é chamada de *neuroplasticidade* e pode acontecer durante a vida de todos. Com a meditação de atenção plena, nossas atitudes reativas ao estresse podem ser substituídas por outras mais ponderadas.

Por causa dessas mudanças, a meditação de atenção plena é o alicerce que desenvolveremos para nos ajudar a pensar com mais clareza em situações de parentalidade complicadas. Com reatividade reduzida, será possível você acessar o córtex pré-frontal lógico, racional e empático, permitindo que use as novas competências de comunicação apresentadas. Com alguma prática dessa meditação, bem como outras para diminuir a reação ao estresse, seu desejo pela parentalidade consciente *não será mais* dominado pela reatividade.

> A atitude reativa ao estresse dos filhos é igual à nossa. O sistema de luta ou fuga em geral identifica pais exacerbados e irritados como uma ameaça, desencadeando resistência das crianças que, assim, não serão capazes de aprender. Isso ocorre porque as partes superiores do cérebro (menos desenvolvidas em crianças do que em adultos) se desconectam. Então, quando precisamos interagir com elas, é importante que nos agachemos ao seu *nível* e que estejamos cientes de como nosso corpo e tom de voz podem soar ameaçadores. Encontrando um jeito de fazer nosso corpo parecer menos ameaçador e falando com voz calma, sem gritos, conseguiremos uma criança menos estressada e mais cooperativa.

Saindo do piloto automático

Vamos diminuir o zoom da lente e enxergar a atenção plena de forma mais ampla. Durante a maior parte do tempo, ficamos no piloto automático com nossos filhos. Nossa mente vive focada em cumprir metas, resolver problemas, planejar estratégias para os próximos dias. Na vivência cotidiana com nossos filhos, estamos quase sempre distraídos por preocupações futuras (por exemplo, planejando mentalmente o jantar enquanto as crianças nos contam seu dia). O piloto automático no modo fazer/conquistar/planejar leva nossa mente a outro lugar e, como resultado, *não estamos* presentes no aqui e agora com as crianças.

Quando isso acontece, perdemos a chance de nos sintonizar com os sinais referentes ao que está acontecendo de fato com nossos filhos.

Perdemos a chance de ver um indício de que eles precisam de um abraço ou de uma ajuda, em vez de mais direcionamento. Sem a prática da atenção plena, talvez façamos uma escolha inadequada para o momento, ou até mesmo sejamos atropelados pela poderosa reação ao estresse. Então, em vez de agirmos de modo consciente e empático, oferecendo aos nossos filhos uma reação benéfica, agimos com impulsão e reatividade. Vamos nos aprofundar em como desarmar esses gatilhos no Capítulo 2. Por ora, apresentaremos práticas de atenção plena para ajudá-lo a diminuir paulatinamente a reatividade.

À medida que começamos a praticar a atenção plena – focando nossa atenção no aqui e agora com gentileza e curiosidade –, conseguimos transmitir os mesmos sentimentos aos nossos filhos, evitando os problemas decorrentes da distração. Em minha conversa com o dr. Dan Siegel – professor clínico de psiquiatria, escritor e especialista em apego positivo, em atenção plena e em cérebro – no podcast Mindful Mama (Siegel, 2018), ele disse que "a presença parental é a *chave* para otimizar a chance de os filhos terem uma vida de bem-estar e resiliência".

Parece incrível, não? No entanto, sejamos realistas: nunca estaremos 100% presentes, e tudo bem. Trata-se de encontrar o meio-termo: usarmos as ferramentas da atenção plena para diminuir nossa reação ao estresse e nos tornar mais presentes para nossos filhos. Nosso objetivo é uma parentalidade "boa o suficiente".

Como praticar a técnica mindfulness ou atenção plena

Como você a pratica? Deliberadamente focando sua atenção no aqui e agora, com o objetivo de estar *mais* atento do que distraído ao momento presente. Ou percebendo o que acontece a cada momento, dentro de você e ao seu redor, com gentileza e curiosidade – e *sem julgar*. Vamos tentar agora para que você vivencie o que estou falando.

EXERCÍCIO

Comer uma uva-passa com atenção plena

Pegue uma uva-passa e leia todas as instruções antes de começar. Vamos focar toda a nossa atenção e curiosidade nela.

Definindo sua intenção
Foque sua atenção nesta prática, com carinho e curiosidade.

Manuseando
Segure a uva-passa na palma da mão ou entre o indicador e o polegar. Focando na uva, imagine que acabou de chegar de Marte e nunca viu algo assim antes.

Observando
Gaste um tempo em completa observação; olhe a uva-passa com cuidado e atenção total. Deixe que seus olhos explorem cada pedacinho dela como se nunca a tivesse visto antes.

Sentindo
Deslize a uva-passa entre os dedos, sentindo sua textura. Feche os olhos se isso melhorar sua sensação tátil.

Inalando
Segure a uva-passa sob o nariz e inale-a. Observe se sua boca ou estômago reagem quando faz isso.

Levando à boca
Agora, lentamente, leve a uva-passa até os lábios. Coloque-a na boca sem mastigar. Passe alguns momentos explorando as sensações.

Degustando
Conscientemente, morda a uva-passa uma ou duas vezes e observe o que acontece. Sinta todo o sabor enquanto continua mastigando.

Ainda sem engolir, desfrute as sensações de sabor e textura na boca e perceba como mudam de momento a momento. Observe quaisquer mudanças (ainda podemos chamá-la de uva-passa?).

Engolindo
Quando você se sentir pronto, veja se consegue detectar a primeira intenção de engolir para que a degustação seja consciente.

Acompanhando
Por fim, tente acompanhar a sensação da uva-passa deslizando para o estômago. Perceba as sensações corporais depois de completar este exercício de comer com atenção plena.

Bem-vindo a este mundo! Este exercício é apenas um dos inúmeros que você pode criar para a prática da atenção plena. Ele se revela uma ótima maneira de percebermos a diferença entre o estado habitual de nossa mente, distraída, e a prática de estarmos plenamente no aqui e agora.

Comece fortalecendo seus músculos não reativos

Uma rápida prática de meditação vale ouro para diminuir a reatividade. Com o tempo, a prática de atenção plena e autocompaixão irá ajudá-lo a ser menos reativo e mais tolerante consigo mesmo e com seus filhos. A maioria das pessoas espera que essa mudança ocorra de modo gradual, pouco a pouco. Compreendendo que as pressões diárias da família, do trabalho e de outros compromissos consomem tempo e energia, vou apresentar práticas de atenção plena rápidas e diretamente relacionadas com sua vida. Eu comecei com cinco minutos meditando em posição sentada todos os dias.

A meditação se resume a um método de treinar a atenção para reduzir estresse e reatividade. Não é uma religião. Pessoas de todos os setores da vida – desde CEOs e celebridades até presidiários – a praticam. Se cuidamos do corpo com atividades físicas e alimentos nutritivos, devemos cuidar da mente com meditação, em uma prática que depende apenas da respiração.

Escolha um horário para criar o hábito de diariamente meditar sentado. O melhor seria acordar um pouco mais cedo e logo praticar a atenção plena, o que norteará o restante do dia. No entanto, muitas pessoas preferem meditar à noite, e sobretudo os pais precisam muitas vezes de criatividade para encontrar esses poucos minutos. Seja pela manhã, seja na hora do almoço, seja no momento do cochilo, tente manter sempre o mesmo horário. O objetivo é tornar a meditação um hábito tão regular quanto escovar os dentes.

> *Não pule este trabalho fundamental achando que basta ler a respeito e não o praticar de verdade.* Somente a leitura sobre o jogo de tênis não o tornará um jogador melhor! Os poucos minutos diários dedicados a essa prática irão ajudá-lo a ser menos reativo pelo dia todo. Pense o seguinte: você não mandaria seu filho para a partida final do campeonato de futebol sem treinos regulares. Idem com a atenção plena. É necessária a prática regular para que esteja preparado para o equivalente ao grande jogo – as explosões de birras dos seus filhos.

Comece com meditações curtas, aumentando devagar o tempo até atingir o objetivo de vinte minutos diários. Oriente-se pelas instruções a seguir com o auxílio de um timer (você também pode utilizar os áudios de práticas guiadas disponíveis, em inglês, no site http://www.raisinggoodhumansbook.com).

===== **PRÁTICA** =====

Meditação sentada de atenção plena

Determine um horário e encontre um lugar silencioso. Sente-se ereto, mas relaxado, em uma poltrona ou almofada. Fique confortável! Se achar melhor, acomode-se em uma poltrona reclinável. Coloque as mãos em concha, com os polegares em contato, ou só descanse da maneira que for mais agradável. Ative o timer para não se preocupar com o tempo.

Feche os olhos ou mantenha-os semicerrados. Atente-se em sua respiração e em seu corpo. Deixe a mente aberta e o coração amigável e suave. Sinta a respiração na barriga ou no nariz. Mantenha-a de maneira natural. Perceba cada ato de inspirar e expirar. Diga a si mesmo "inspirando" ao inspirar e "expirando" ao expirar.

Deixe a mente divagar. É normal! O objetivo não está na interrupção do pensamento, mas no treino da atenção; você quer passar mais tempo no aqui e agora e menos tempo perdido em distrações. Se quiser, rotule seus pensamentos como "pensamento", depois volte a atenção para a respiração. Repita inúmeras vezes. Sempre que perceber a mente divagando, faça um "de novo" e desenvolva o músculo de atenção plena. Mesmo achando que está se saindo mal, ainda assim está funcionando.

A meditação floresce com a prática e com uma abordagem gentil. Dedicando-se a ela todos os dias, gradualmente você estará mais centrado e atento.

═══════════════════════

A prática da meditação o faz reassumir as rédeas da mente, afastando-o das reações no piloto automático. Desse modo, fomentará sua autoconsciência e servirá de ajuda para que volte ao aqui e agora, em vez de se perder em divagações. Quando estiver no presente, vislumbrará com clareza o desaparecimento de muitos medos e ansiedades e a diminuição dos padrões reativos.

Outras maneiras de praticar a técnica mindfulness ou atenção plena

Por meio das práticas de atenção plena na parentalidade, você conseguirá intensificar sua calma, lembrando-se de que pretende permanecer calmo e reduzir seu nível geral de estresse. Comece escolhendo uma atividade para praticá-la conscientemente a cada dia. Use essa atividade como um momento para desacelerar e ficar atento com carinho e curiosidade.

PRÁTICA

Atividade diária de atenção plena

Já vimos como comer com atenção plena. Agora vamos usar como exemplo o ato de lavar pratos, o que, por ser trivial, normalmente fazemos no piloto automático. Mas isso também pode ser satisfatório e promover o aterramento[6].

Lave a louça bem devagar. Sinta a água nas mãos. Preste atenção aos sons das louças. Observe a forma da espuma. Deixe-se levar pela experiência de transformar a sujeira em limpeza. Quando pensar em outras coisas e perceber que sua mente está divagando, volte a se focar no processo. Concentre-se apenas no que está fazendo.

---

6   O aterramento é uma técnica que traz de volta o foco da consciência para o presente, aliviando a pessoa do excesso de energia típico da crise, acalmando-a, e permite a ela que se reconecte consigo mesma aqui e agora. (N. da T.)

Thich Nhat Hanh, mestre zen, líder da atenção plena e ativista pela paz, explica essa tarefa lindamente no livro *The Miracle of Mindfulness* (1975, p. 85)[7]:

> Lave os pratos descontraído, como se cada um fosse um objeto de contemplação. Considere cada um sagrado. Perceba sua respiração para evitar que sua mente se desvie. Não se apresse em terminar o trabalho. Considere lavar a louça a coisa mais importante da vida.

Que atividade você escolherá para praticar com atenção plena? Escolha uma tarefa trivial, que faz todos os dias no piloto automático: tomar banho, dirigir até o trabalho, amamentar o filho ou qualquer outra coisa do cotidiano.

Foque o corpo

Uma das maneiras mais rápidas e fáceis de estar no aqui e agora é a prática de atenção ao corpo. Você literalmente "cai na real", sentindo o que significa estar vivo. Não podemos sentir o ontem ou o amanhã, apenas o agora, e a atenção às sensações corporais nos fixa no hoje. O corpo é uma âncora natural para a prática da atenção plena.

Nos momentos desafiadores da parentalidade, prestar atenção ao nosso corpo tem um efeito de aterramento diário. Conscientes dele, enfrentamos a realidade. O corpo tem importância, pois propicia uma *ótima* compensação para a volubilidade da mente, que com frequência divaga em ideias e ruminações. Por meio da ciência dele, entramos na realidade física de nossa presença aqui na terra. E, assim como outras formas de meditação, a atenção plena ao corpo fomenta nosso foco e minimiza o estresse.

---

7   No Brasil, publicado com o título *O milagre da atenção plena: uma introdução à prática da meditação*. (N. da T.)

=== **PRÁTICA** ===

Concentre-se em seu corpo

Siga as instruções simples apresentadas a seguir ou use a meditação de escaneamento corporal disponível em inglês no site http://www.raisinggoodhumansbook.com. Ambas podem ajudá-lo a conectar-se ao corpo, afastar da mente a lista de tarefas e liberar as emoções reprimidas. Quanto mais praticar a consciência corporal, mais conseguirá ver e sentir, evitando que emoções desafiadoras se transformem em raiva.

Sente-se confortavelmente ou deite-se. Perceba as sensações de toque e pressão onde seu corpo encontra a superfície. Respire fundo, observando a expansão do tórax. Solte o ar, notando como o corpo se tranquiliza.

Preste atenção nas mãos. Sente que formigam ou tremem? Concentre-se nessas sensações por alguns momentos. Seja curioso acerca do que sente.

E nos pés, sente uma sensação semelhante? E no restante do corpo? As sensações são agradáveis ou desagradáveis? Tente percebê-las sem julgamento e relaxe o corpo a cada expiração. Respire estando consciente dessas sensações corporais pelo tempo que quiser.

Quando notar que a mente tende a vagar pelos pensamentos, gentilmente os interrompa e volte a sentir o corpo. Caso note a mente divagando em razão de efeitos externos (um som, por exemplo), foque no corpo de novo, da melhor maneira que conseguir, com suavidade.

Não se preocupe se você se distrair durante os exercícios de meditação e atenção plena. Ao menos que seja um mestre iluminado ou esteja morto (!), espera-se mesmo que a mente divague – *e muito*.

O cérebro é uma máquina pensante. Dedicando-se a essa prática, apenas um pouquinho por dia, conquistará todos os benefícios: menos estresse, menos ansiedade, menos depressão, mais calma e uma excelente sensação de bem-estar.

Além disso, muito mais do que de brinquedos ou ensinamentos, seu filho precisa de *você – o eu autêntico por trás de todo o estresse e reatividade* – com menos tensão e mais presença e tranquilidade. A capacidade de naturalmente estar no aqui e agora acalmará seu filho, ajudando-o a se sentir visto, ouvido e aceito. Thich Nhat Hanh (2003) resume isso sabiamente:

> Quando você ama alguém, a melhor coisa que pode lhe oferecer é a sua presença. Como você pode amar se não está lá?

MENOS PILOTO AUTOMÁTICO, MAIS AQUI E AGORA

Mesmo sem percebermos, usamos rótulos como atalhos mentais na vida familiar, o que às vezes até é útil, embora tenda a nos induzir a ver uma coisa específica da forma como a vimos antes. Por exemplo, ao rotularmos uma criança como "atlética" e outra como "inteligente", limitamos as oportunidades para elas. Rótulos, ainda que sejam naturais, às vezes são levados ao pé da letra. Noções preconcebidas sobre os comportamentos e atitudes dos nossos filhos impedem que *de fato* os vejamos.

Como nossas crianças vivem mudando e os rótulos são estáticos, *é bem possível que* não sejam confiáveis. E mais, nossas ideias preconcebidas podem se transformar em uma profecia autorrealizada: filhos correspondendo a expectativas negativas. Caramba!

Outra maneira de recorrermos aos atalhos envolve nossa rotina. O cotidiano familiar é repetitivo – fazer o jantar, arrumar a cozinha, dormir –, o que facilita nossa vida. No entanto, corremos o risco de perder a espontaneidade. Quase sempre caminhamos o dia todo com a cabeça inclinada sobre uma tela. Não apreciamos a beleza do *céu ou as flores* se abrindo e, pior ainda, perdemos o senso de curiosidade natural nas crianças.

Estar aberto ao momento e mudar

Na verdade, todas as manhãs acordamos com filhos diferentes. *A cada momento* estão se desenvolvendo, aprendendo, mudando. No aspecto biológico, milhares de células morrem e milhares se formam a todo minuto. As crianças, literalmente, nunca são a mesma pessoa duas vezes. A atenção plena nos ajuda a reconhecer essa verdade e a enxergar nossos filhos com novos olhos.

Em um nível mais profundo, a mudança constante é um fato incontestável e inevitável da existência humana: envelheceremos, adoeceremos e morreremos. Todos os nossos sentimentos irão finalmente dar lugar a novas emoções, e o mesmo vale para os nossos filhos. Sofremos ao pensar em comportamentos e ideias que nos levam, por exemplo, ao "sempre" e ao "nunca".

Pense nisto: qual a origem do seu medo quando descobriu que sua criança mentiu (de novo)? *É bem possível que tenha sentido medo de que ela mentiria sempre*, o que destruiria as chances de uma vida feliz e bem-sucedida. A ideia do "sempre" nos leva a uma sensação assustadora de ansiedade. Se não pensássemos *meu filho sempre será assim*, estaríamos mais centrados e calmos para lidar com o que é *real* na situação.

Além disso, quando interiorizamos a verdade de que mudamos inexoravelmente no dia a dia, fica mais fácil sentir gratidão pelo que temos no presente, porque nada é eterno, nem nós, nem nossos filhos, nem nossos problemas. Existem muitos bons motivos para *a prática de estarmos no aqui e agora*.

Isso significa ver, ouvir e compreender de fato o filho. Significa abrir mão da agenda e das noções preconcebidas em prol da curiosidade acerca do que está acontecendo. A meditação irá ajudá-lo a estar mais presente para seu filho. Mas você precisará de mais ainda. As próximas práticas servirão para aprofundar sua consciência do agora.

Mente de principiante: aprender com cada momento

E se *víssemos* os momentos com nossos filhos com outros olhos? *É possível* e chama-se *mente de principiante*. Essa prática do zen budismo ajuda a acalmar nossa reatividade, levando-nos a encarar a vida como um principiante, como se cada situação fosse uma oportunidade de aprendizado.

Quando nos acalmamos e vivenciamos mais a atenção plena – conscientes do aqui e agora sem julgamentos –, conseguimos vislumbrar a riqueza do mundo que nos cerca. O ato de *saboreá-lo e apreciá-lo não apenas nos faz bem, mas também reduz nosso estresse* e nos ajuda a enxergar os problemas com mais clareza (e com menos julgamentos). A prática da mente de principiante nos possibilita ver o mundo como ele é, e não como imaginamos que seja.

Considere a mente de principiante uma prática de tentar ver uma nova experiência exatamente como ela é: uma *nova* experiência. Pense em um "frescor" a cada momento. Esta semana vivencie as práticas apresentadas a seguir, que o ajudarão a sair do piloto automático, abandonar noções preconcebidas e passar para uma situação de presença e curiosidade. E lembre-se: *o que você pratica se torna mais forte.*

PRÁTICA

Mente de principiante em uma caminhada

Comece encarando a atividade de andar com novos olhos, como se não soubesse o que esperar, como se já não tivesse feito isso milhares de vezes.

Olhe de verdade para o caminho, as árvores ou o concreto, as construções e a paisagem. Tente ver os detalhes que normalmente não percebe.

Observe texturas, sabores, aromas e aparência do mundo que o cerca. Preste muita atenção em tudo, como se desconhecesse para onde sua caminhada poderá levá-lo.

Veja seu filho com novos olhos

Imagine que está vendo seu filho pela primeira vez. Encare-o com novos olhos, curioso sobre quem ele é, como se não o conhecesse por toda a vida.

Olhe-o de verdade: cabelo, sorriso, roupas e sapatos, movimento corporal. Seja curioso. Tente ver detalhes que normalmente não percebe.

Com curiosidade em vez de julgamento, observe a maneira como seu filho interage com os outros. Preste bastante atenção e deixe-se surpreender.

Com a prática regular da mente de principiante, será mais fácil ver seu filho como ele é *agora*, em vez de manter a imagem de quem ele era no passado. Agindo assim, você não limita as oportunidades da sua criança (ou as suas) com rótulos; consegue vê-la de forma mais plena e sincera.

Reconhecimento: dizer o que você vê

Podemos praticar intencionalmente a atenção plena com crianças usando a ferramenta de *reconhecimento* mental e verbal, ou seja, aceitando e identificando o que está acontecendo no aqui e agora. Na próxima seção, vou mostrar como *é comum* perdermos essa etapa e como podemos usá-la com nossos filhos, com nós mesmos e com nossa prática de meditação.

Reconhecimento de atenção plena com crianças

Vejo esta cena com frequência: uma criança visivelmente chateada se aproxima dos pais, que, desejando fazer o filho se sentir melhor, vão direto *à tentativa de* reparar o problema: "Por que *nós não*..." ou "Em vez disso, *você pode simplesmente*...". Propõe-se uma solução e o problema está resolvido... certo?

Agindo desse modo, os pais perdem uma excelente oportunidade de interação com o filho. Pularam a poderosa etapa do reconhecimento – reconhecer o que está acontecendo com a criança naquele momento. O reconhecimento indica que estamos vendo e aceitando a verdade ou a existência de alguma coisa, por exemplo, a mágoa da criança.

Reconhecer pode ser mágico para nossos filhos, que precisam do reconhecimento de suas ideias e sentimentos – *ouvi-los e vê-los de fato*. Como pais, muitas vezes, na ansiedade de resolver os problemas que os afligem, pulamos essa etapa. Em vez disso, quando verbalizamos o que estamos vendo, nossos filhos se sentem vistos e ouvidos, o que já melhora quase qualquer situação.

A história de Karen
Asher, de quatro anos, estava brincando e divertindo-se muito até que chegou a hora de ir embora. Não queria, mas tinha uma consulta médica agendada. Quando Asher começou a reclamar, Karen, sua mãe, recordando-se da competência do reconhecimento, disse ao filho o que via no momento: "Você não quer ir embora. Gostaria de ficar aqui. Entendo, mas precisamos ir". Asher não se empolgou, mas partiu com menos escândalo do que o normal. Ele se sentiu visto e ouvido; sentiu seus sentimentos respeitados. Reconhecimento significa "vejo você".

A válvula de pressão do reconhecimento

Reconhecer nossos sentimentos é uma maneira de atenção plena para esvaziar a bolha do drama. Está irritado com seus filhos? Diga em voz alta: "Agora já estou irritado". Só esse reconhecimento vai aliviar você e avisar ao seu filho o que está acontecendo. Bom para ambos! Você passa a se sentir um pouco melhor e demonstra à sua criança uma inteligência emocional saudável.

A raiva costuma resultar de outros sentimentos que vão se intensificando até a exasperação (falaremos mais disso no próximo capítulo). A prática do reconhecimento às vezes elimina até a raiva. Quando digo com sinceridade para minha filha "Estou muito irritada agora", isso alivia meus sentimentos reprimidos e me permite recuar e criar algum espaço para mim.

No entanto, quase sempre tentamos reprimir a raiva. O resultado? Imagine-se segurando uma bola de praia inflável sob a água: mais cedo ou mais tarde, ela acaba escapando ainda com mais energia. Portanto, pratique dizer o que vê. Agindo assim, está colocando o córtex pré-frontal verbal on-line e aliviando a pressão dos sentimentos reprimidos.

Reconhecimento na meditação

A meditação de atenção plena nos convida a reconhecer os nossos pensamentos, sentimentos e sensações no aqui e agora. Faça isso ao meditar, dirigindo sua atenção para cada momento conforme ele aflora, sem impor ideias sobre como *deveria* ser. Reconheça se estiver estressado e irritado e permita a presença desses sentimentos. Caso sinta desconforto físico, reconheça essa verdade sem tentar negá-la e, assim, sofrer. Se estiver pensando no futuro durante a prática de meditação, reconheça isso também.

Como agir na prática real? Apenas diga mentalmente *o que você vê*; isso na meditação se chama *anotação mental*. Quando medito, muitas vezes me pego planejando os eventos dos próximos dias, então anoto mentalmente "planejamento". Acha que está nervoso? Mentalmente anote "agitado".

Pratique a anotação mental na meditação e no cotidiano para sentir o alívio que o reconhecimento proporciona. O exercício a seguir resume essa prática no dia a dia.

===== PRÁTICA =====

Reconhecimento

Durante os próximos dias, pratique dizer o que vê tanto a você quanto aos seus filhos para que esteja no aqui e agora e reconheça o que está de fato acontecendo.

1. Para perceber os sentimentos internos, olhe para dentro. Diga o que vê. Está mal-humorado? Cansado? Diga: "Estou me sentindo mal-humorado agora".
2. Para observar o que está acontecendo com seu filho, diga o que vê. Reconheça verbalmente os sentimentos deles. Diga: "Você está chateado porque chegou a hora de parar e gostaria de não ter de dormir".

Enquanto pratica o reconhecimento, observe como se sente e como os outros reagem. Anote tudo em seu diário "Criando bons humanos". Ao vivenciar mudanças positivas, seu novo hábito será fortalecido.

Reconhecimento de pensamentos negativos

O reconhecimento também nos ajuda a ter alguma perspectiva dos pensamentos que nos incomodam fora da meditação. Pensamentos são palavras ou imagens mentais que nos chamam a atenção. Verdadeiros ou não, muitas vezes deslocam nossa atenção do presente, momento no qual a vida tem sentido. Os negativos, por exemplo, *sou um(a) péssimo(a) pai (mãe)*, podem nos fisgar, deixando-nos aprisionados em uma teia de negatividade.

Não permita que o governem, interrompa-os e se desvencilhe deles. Como? Coloque a frase "Estou pensando que..." antes de um pensamento negativo. Esse reconhecimento irá ajudá-lo a abandonar ideias nocivas, e assim você conseguirá optar pela atenção ao aqui e agora.

=== PRÁTICA ===

Libertando-se de pensamentos negativos

Pensamentos negativos do tipo "não sou bom o suficiente" e "sou um péssimo pai/mãe", além de desfocá-lo de estar presente com seu filho, também o impedirão de fazer boas escolhas. Por meio do reconhecimento é possível conduzir a atenção plena para sua vida diária desprovida de negatividade. Siga os seguintes passos:

1. Perceba quando está ficando tenso, contraído, irritado ou triste. A seguir, observe se existe um pensamento subjacente a essa sensação ou a esse sentimento, como "Sou péssimo nisso" ou "Há algo de errado com meu filho".
2. Mentalmente, recorra à frase "Estou pensando que..." antes do pensamento negativo. Por exemplo, "Estou pensando que não faço o bastante pelo meu filho".
3. Respire. A seguir, escolha sua próxima ação com lucidez.

Desvencilhar-se de pensamentos negativos não significa que desaparecerão para sempre. Nossa mente continuará a nos contar histórias. No entanto, ao nos livrarmos deles, teremos a oportunidade de escolhas ou de ações com mais propósito.

Ficarmos reféns de pensamentos negativos nos impede de fazer coisas importantes, como prestar atenção nos filhos. Portanto, torne o ato de se livrar dessa situação uma prática regular.

Conscientização e reconhecimento são modos poderosos de mudar a cultura familiar. Cultive o hábito de dizer o que vê. Comece a reconhecer o que de fato está acontecendo – com seu filho, com seus sentimentos e em sua prática de meditação – e conseguirá um senso verdadeiro de lucidez. A atenção plena nos dá o *espaço* para a *escolha* do que vamos dizer.

UM ALICERCE PARA A PARENTALIDADE MENOS REATIVA

Momentos de reatividade acontecem nas ocasiões em que estamos no pior da parentalidade. Quando a reação ao estresse pula as partes racionais e empáticas do cérebro, imposições, ameaças e gritos voam de nossa boca, afastando nossos filhos e tornando-os *menos* propensos a cooperar conosco no longo prazo.

Embora nossa programação para reagir seja útil em situações de emergência, na maioria das vezes somos pais muito mais eficazes e atenciosos quando controlamos nossa reação ao estresse. Estudos já comprovaram que a meditação de atenção plena é uma forma de, no decorrer do tempo, construir pouco a pouco esse músculo não reativo. Por isso é uma competência fundamental que desencadeará um pensamento mais ponderado em todas as áreas da vida. Não é necessário ser perfeito em atenção plena e *práticas mentais* de principiante, mas perceba como elas mudam a vivência parental.

No próximo capítulo, vamos mergulhar mais fundo na autoconsciência para entender como fomos criados e as histórias que moldaram o caminho de nossa formação parental. Você aprenderá a ver os gatilhos da sua reatividade e conhecerá ferramentas que o ajudarão a se acalmar quando as coisas esquentarem.

Por enquanto, faça disto mais do que apenas um exercício intelectual; pratique. Você consegue!

NESTA SEMANA, PRATIQUE...

- o ato de comer com atenção plena uma uva-passa
- meditação sentada de atenção plena de cinco a dez minutos, quatro a seis dias por semana
- atividades cotidianas com atenção plena
- mente de principiante
- reconhecimento
- libertação dos pensamentos negativos

CAPÍTULO 2

DESARMAR OS GATILHOS

*O melhor indicador do bem-estar de uma criança
é a autocompreensão dos pais*

DANIEL SIEGEL

É bem possível que existam muitas coisas fantásticas envolvendo seus pais que você deseja transmitir aos próprios filhos: criatividade e incentivo, diálogos abertos e sinceros e a receita especial de panqueca da sua mãe. Reatividade? Raiva explosiva? Humm, não.

Depois de criar uma prática regular de meditação, talvez você espere que sua reatividade diminua com o passar do tempo. Com certeza isso ajudou a minimizar meu problema com as explosões de raiva. No entanto, você pode fazer mais para ajudar a escavar sua mamãe zen ou seu papai zen interior. Neste capítulo, vou compartilhar um exercício que o ajudará a entender o porquê do gatilho. Na prática, também vamos conversar sobre como gritar menos. E você conhecerá mais exercícios que o auxiliarão a relaxar e se tornar menos reativo no calor do momento.

OS FILHOS REVELAM NOSSOS PROBLEMAS

Os primeiros anos parentais talvez despertem em nós a sensação de que perdemos o rumo. Vivemos sob forte tensão psicológica. Voltando ao relacionamento pais-filhos, é difícil reconhecermos toda a bagagem que trazemos do passado.

Nos momentos que minha filha não me ouvia, vinham à tona problemas não resolvidos em relação a não se sentir ouvida. Mas, naquela época, eu sequer imaginava que isso acontecia. O sentimento de fúria se intensificava como eu não sentia desde que era... criança. Antes do trabalho de escavação para compreender meu gatilho, culpava minha filha. Qual o problema *dela*? Por que não me escuta? É evidente que aquela situação era gerada por *ela*. Se eu pudesse consertar o comportamento de minha filha, tudo melhoraria. Certo?

Como mestrezinhos espirituais, nossos filhos têm uma extraordinária capacidade de revelar nossos problemas não resolvidos. Alguma coisa na vivência parental anda enlouquecendo você? Essa é uma questão interior e pessoal. Quer um crescimento pessoal significativo? Seis meses com uma criança em idade pré-escolar talvez sejam mais eficazes do que anos sozinho no topo de uma montanha. Provavelmente esse seja apenas o caminho mais rápido para a iluminação[8].

Deixando de lado qualquer sarcasmo, pode ser de fato útil encararmos nossos momentos de dificuldade parental e desafio como oportunidades para curar velhas feridas interiores. À medida que as curamos, somos capazes de nos mostrar mais presentes para nossos filhos, também os reconfortando quando estão sofrendo. Curar velhas feridas também nos ajuda a manter nossos limites firmes com compaixão.

Iniciamos este capítulo com uma citação do dr. Dan Siegel: "O melhor indicador do bem-estar de uma criança é a autocompreensão dos pais". Em outras palavras, quando entendemos as *causas* de sermos tão reativos – quais antigos padrões e feridas atuam como gatilhos para nós –, podemos começar o processo de cura e escolher um jeito diferente de ser, em vez de apenas repetir padrões familiares disfuncionais. Podemos ter a chance de, involuntariamente, passar essa bagagem aos nossos filhos.

---

8 Conceito filosófico e psicológico que em geral indica um estado de tranquilidade emocional e psicológica, juntamente com elevada consciência e compreensão das verdades sobre a vida. (N. da T.)

Dan Siegel e Mary Hartzell explicam lindamente esse conceito em *Parenting from the Inside Out*[9]:

> As intrusões de questões não resolvidas podem influenciar diretamente como nos conhecemos e interagimos com nossos filhos. Quando essas questões estão escrevendo nossa história de vida [...] não estamos mais fazendo escolhas sensatas sobre como queremos criar nossos filhos, mas sim reagindo com base em experiências do passado [...] Muitas vezes tentamos controlar os sentimentos e o comportamento de nossos filhos, mas na verdade é nossa experiência interior que está desencadeando sentimentos de contrariedade sobre o comportamento deles. (2004, p.18)

Aposto que você se lembra de várias ocasiões em que seu filho disse ou fez algo que disparou um gatilho exagerado em você, e sua reação interior pareceu desproporcional. Vivi muitos desses momentos. Todos nós os vivemos.

Encarar os próprios problemas com clareza

Entender seus gatilhos fará com que você atue com mais sensatez. *Sem esse conhecimento*, você reagirá de acordo com o velho condicionamento: a voz de sua mãe ou do seu pai voará de sua boca. Por exemplo, se está ciente de que foi criado para acreditar que as garotinhas precisam sempre parecer bonitas e limpas, conseguirá compreender por que seu cérebro surta quando sua filha anda descalça pelo barro e ainda se enlameia toda feliz. Sabendo que esse desconforto é problema *seu* e não dela, procure se conter (respirações profundas e lentas!) e interrompa quaisquer padrões velhos e nocivos de constranger e culpar seu filho.

Com a prática de meditação e o trabalho que fará neste capítulo,

---

[9] No Brasil, publicado com o título *Parentalidade consciente: como o autoconhecimento nos ajuda a criar nossos filhos*. (N. da T.)

você começará a entender os momentos em que está presente e reage com sensatez e aqueles em que responde apenas com base no velho condicionamento. A autoconsciência será fomentada, o que facilitará a parentalidade no longo prazo. Saber que suas reações resultam de problemas pessoais vai ajudá-lo a recuar um pouco em muitas situações de parentalidade. Em vez de gritarmos em razão do suco derramado, podemos suspirar, respirar fundo ou até mesmo sair do ambiente para recuperar o equilíbrio. E lembre-se de que todos nós somos pais *meio* conscientes e meio *sem* consciência, e está tudo certo. Você almeja apenas fomentar sua autoconsciência pouco a pouco, dia a dia. Não espere se transformar em um ser iluminado e perfeito.

A história de Sam
Sam estava tirando uma folga de seu trabalho como conselheira de admissão na universidade para ficar com a filha de dois anos e o bebezinho. Uma tarde, logo depois de ela limpar a casa, a menina derramou suco de laranja no chão da cozinha. Sam saiu de órbita: "Não acredito que acabei de gastar dinheiro e tempo limpando esta casa! Minha filha nem está me pedindo desculpa!".

Trabalhando com o exercício proposto a seguir, ela descobriu que as feridas do passado direcionavam muitos de seus sentimentos e ações. O gatilho de Sam? Perfeccionismo. Educaram-na para acreditar na importância da aparência física. E percebeu que tivera uma reação desproporcional diante do acontecido. Ao olhar o passado e ver como ela fora criada, Sam entendeu que sua reação raivosa resultara do próprio condicionamento familiar.

Sam também descobriu uma velha ferida relativa a não ser ouvida quando sua filha não a ouviu de imediato. Percebeu que se sentiu negligenciada, invisível. No processo para chegar a tais conclusões, ela se lembrou de sua família dizendo-lhe com frequência que não fosse "tão sensível" e sim "mais durona". Tais sentimentos provocaram nela uma reação agressiva e irritadiça injustificável diante da situação. Sam sabia que, se esses problemas continuassem inconscientes e insolúveis, ela transmitiria sua bagagem à filha.

Se nunca compreendermos nossas velhas feridas e nossos gatilhos, manteremos nossa reação habitual do passado e talvez passemos nossas mágoas aos nossos filhos. Tomando consciência dessas feridas, carregaremos nossa própria bagagem, em vez de transmiti-la à linha geracional. Pense nisso como uma oportunidade de curar não apenas suas feridas, mas também as das próximas gerações.

Encarar a infância

Você não tem de repetir os padrões de seus pais e avós. Avaliar sua infância permitirá que você ultrapasse antigas limitações. Ainda que vislumbre o passado e encontre sementes positivas que deseja transmitir aos seus filhos, você talvez tenha vivido uma infância complicada, com mágoas e dificuldades que viraram catalisadoras para sua reatividade, mas também para sua força e resiliência atuais. Uma autoconsciência mais profunda despertará em você mais compaixão por si e pelos outros – e poderá lhe dar a possibilidade de escolher novos modos de ser, em vez de repetir cegamente o passado.

Pronto? O exercício a seguir irá ajudá-lo na compreensão de como sua vivência da infância o afetou. Não fique tentado a pulá-lo! Você talvez pense: *já refleti bastante sobre a minha infância, não preciso disso*. Mas estará cometendo um erro, porque, ao explorar o passado, conseguirá compreender com toda clareza coisas novas sobre si.

EXERCÍCIO

Como você foi criado?

Anote suas respostas a estas perguntas para compreender suas atitudes de uma forma que o ajudará a ver com clareza o que está levando para o relacionamento com seu filho. Talvez seja um trabalho profundo e emocional. Dê um tempo para digerir essas informações – uma caminhada, um cochilo – e redija o que aprendeu com este exercício. Também é uma excelente ideia dialogar sobre o que você escreveu com um amigo confiável ou um terapeuta.

- Quem fazia parte de sua família e como foi crescer com eles?
- Quando pequeno, como se relacionava com seus pais? Como esse relacionamento mudou no decorrer do tempo?
- Você já se sentiu rejeitado ou ameaçado por seus pais? Viveu experiências angustiantes na infância? Elas continuam afetando sua vida?
- Como seus pais o disciplinaram quando criança? Como reagiu a essa disciplina quando jovem? Como acha que isso afeta seu atual papel parental?
- Você se lembra dos momentos em que ainda criança precisou se separar de seus pais? Como foram? Viveu períodos de separações parentais prolongadas?
- Como seus pais reagiam quando você ficava triste ou cometia erros? Como você se sentia? Que tipo de linguagem eles usavam? Como reagiam quando você estava feliz ou empolgado?
- Como suas experiências de infância influenciaram seus relacionamentos adultos? Você tenta não se comportar de determinadas maneiras em razão do que lhe aconteceu na infância? Mantém padrões de comportamento que gostaria de mudar?
- Qual o impacto da infância em sua vida adulta, incluindo o que pensa sobre si mesmo e como se relaciona com seus filhos? O que desejaria mudar no modo como se entende e se relaciona com os outros?

Quero que você se lembre sobretudo disto: à medida que aprende mais sobre si e se torna mais consciente das falhas do passado ou do presente, não se envergonhe ou se culpe. Cultive uma atitude de generosidade e compaixão para consigo durante todo o processo de aprendizagem.

O insight que você adquire ao responder a essas perguntas, ao refletir sobre as respostas e, talvez, ao compartilhá-las com alguém confiável, irá ajudá-lo a verificar em que aspectos você contribui para a relação parental. Não se desespere se sentir que existem inúmeros problemas! Apesar de os acontecimentos de nossa infância terem pouco sentido na época, agora, já adultos, podemos entender como nos influenciaram. Às vezes, resolver nossas mágoas passadas significa que precisamos enfrentar os sentimentos mais complicados que as acompanham.

Conforme você trabalha com as perguntas do exercício, fique à vontade para pular para o Capítulo 4, no qual lhe forneço mais ferramentas para enfrentar esses sentimentos difíceis. Talvez queira pôr fim a uma mágoa antiga por meio de uma carta. No Capítulo 7, apresento um modelo de "Carta para começar de novo", que poderá curá-lo.

Quando se sentir preparado para encarar as questões do exercício e compreender como elas afetam sua vida, estará no caminho da cura e do desenvolvimento. Na próxima seção, conheceremos as maneiras como reagimos hoje a esses momentos implacáveis da parentalidade.

SUBJUGUE OS GATILHOS

Quando minha filha ia completar dois anos, a raiva aflorou e adveio um intenso sentimento de culpa. O que havia de errado comigo por sentir raiva daquela criaturinha inocente? Como muitos de nós, fui condicionada a acreditar que a raiva era negativa e que (sobretudo como mulher) não *deveria* senti-la. Na realidade, é uma pena o fato de, com frequência, ridicularizarmos a nós e aos outros pela intensidade dos sentimentos, o que equivale a repreender alguém por respirar. Não podemos estar vivos, respirando como seres humanos, sem vivenciar emoções, inclusive as difíceis como a raiva. Bebês, outros mamíferos e até répteis a sentem! Portanto, em vez de nos vilipendiarmos pela raiva, vamos compreendê-la.

Entender o fogo da raiva

A raiva, uma de nossas emoções mais poderosas, incorpora efeitos internos e externos às vezes calamitosos. No entanto, se observada pelas lentes da evolução, atua para nos ajudar a remover os obstáculos que nos entravam, avisando: "Alguma coisa precisa mudar!". Portanto, ela nos motiva para a ação e a mudança – sem dúvida um efeito benéfico.

Uma característica interessante da raiva é o fato de imergirmos nela por um tempo. E então explode com um *período refratário*, quando todas as informações que recebemos confirmam ou justificam nossa emoção, levando-nos a ficar "cegos" por um período de minutos ou mesmo horas. A energia da raiva é com frequência expelida, o que nos leva a culpar, agir com agressividade, punir e retaliar. Exacerbamos todas as qualidades negativas do alvo de nossa raiva e nos tornamos cegos para os aspectos positivos (Cullen & Pons, 2016).

A raiva é com frequência classificada como emoção secundária ou "iceberg" porque encobre muitas vezes outros sentimentos que a impulsionam: medo, melancolia, vergonha, rejeição, crítica, estresse, exaustão, irritação e muito mais. Por exemplo, quando seu filho se comporta de modo agressivo em um lugar público, o constrangimento pode detonar nossa raiva e desencadear uma reação que perpetua um padrão familiar disseminado por gerações.

É importante entender que ideias e crenças arraigadas em nós na infância são capazes de desencadear nossa raiva. Culturalmente sancionadas, frases do tipo "Os filhos têm de obedecer aos pais" e "Se os filhos respeitarem você, eles o ouvirão" podem gerar situações e sentimentos de desconforto na parentalidade, mas talvez você sequer esteja ciente disso. As perguntas apresentadas como exercício neste capítulo irão ajudá-lo a descobrir alguns desses scripts inconscientes. A prática de meditação de atenção plena também favorecerá a sensibilização geral dos pensamentos, incluindo os de cunho subconsciente intrínsecos à raiva.

Gritar: uma solução que na verdade é um problema

Quando nos sentimos sobrecarregados e com raiva dos nossos filhos, com frequência começamos a gritar, sobretudo se um dos nossos pais gritava e vociferava para controlar a situação e nos dominar na infância.

Entretanto, é bem incomum que gritos resolvam uma situação. Talvez até aquietem as crianças, que por algum tempo irão nos obedecer, mas não corrigirão o comportamento ou as atitudes delas no longo prazo.

Gritos disparam quase de imediato o gatilho do medo no cérebro das crianças, desencadeando a mesma reação ao estresse que vimos em nós no capítulo anterior. Soam a campainha de alarme do sistema límbico, levando nossos filhos a um estado de alerta e autoproteção. Em vez de aprenderem no momento, eles reagem ao estresse ignorando as partes superiores do cérebro, em uma reação de contra-ataque, contestação, retração ou fuga. *Em momentos assim, não estão "se comportando mal", mas sim vivenciando uma reação ao estresse.*

Por essa razão, as crianças não conseguem ficar paradas, prestar atenção ou aprender. Quando desejamos que nossos filhos aprendam a mudar de comportamento, gritar é contraproducente. Além disso, pesquisas revelam que gritar torna as crianças mais agressivas física e verbalmente (Gershoff et al., 2010). Portanto, os efeitos dos gritos no comportamento de nossos filhos são negativos no curto e no longo prazo.

Além de tudo, gritar também desgasta nosso relacionamento com os filhos. Como a cooperação deles é fomentada por relacionamentos próximos e conectados, os gritos comprometem nossa capacidade de uma orientação exitosa para que as crianças façam escolhas mais competentes. O hábito de gritos frequentes pode levar nossos filhos a gradualmente se ressentirem conosco. É possível que eles também gritem com a família e com os colegas, pois pensam que desse modo vão alcançar o que você deseja, ou seja, atuamos como exemplos para eles. Além disso, infelizmente, nessas situações as crianças às vezes pensam que não são amadas pelos pais, o que as conduz para uma vida de limitada autoestima.

Mas, por favor, não se preocupe, pois é improvável que gritos tenham prejudicado seus filhos. Todos gritamos às vezes e continuaremos a gritar de tempos em tempos porque somos humanos. Conforme você ficar mais atento aos problemas resultantes dos gritos, sugiro-lhe que crie a meta de gritar menos. A prática de meditação de atenção plena irá ajudá-lo nesse processo enquanto você trabalha a não reatividade. Lembre-se: o que você pratica se torna mais forte.

Identificar os gatilhos

Já abordamos no capítulo anterior que nós (e nosso sistema nervoso) somos produtos de milhares de gerações de humanos que evoluíram para estarem alertas às ameaças. Não escolhemos como nosso sistema nervoso reage a situações desafiadoras (por exemplo, quase sempre não escolhemos gritar). Além disso, acontecimentos em nossa primeira infância dos quais talvez *nem sequer nos lembremos* podem desencadear uma reação emocional que inunda a capacidade racional de nosso cérebro de ir além do sistema límbico.

Nossas respostas às emoções são funcionais e também disfuncionais. Se sentimos raiva e canalizamos nossa energia para organizar um grupo de ação social, por exemplo, reagimos de modo funcional. Mas se magoamos a nós mesmos ou aos outros, estamos no lado disfuncional da raiva, vivendo uma reação cujo gatilho talvez esteja em um script resgatado de um trauma passado.

Esse conhecimento nos ajuda a entender por que nossos gatilhos dispararam. O que são esses "botões" que nossos filhos pressionam? No exercício a seguir, convido você a refletir sobre os gatilhos de sua raiva e sobre suas reações mais frequentes.

EXERCÍCIO

Gatilhos e reações

Quais são os gatilhos de sua raiva? Redija uma lista dos mais sensíveis.

Gatilhos mais frequentes
- Sensação de incompreensão e contrariedade.
- Ausência de controle em uma situação.
- Sensação de que alguém está chateado com você.
- Sensação de desrespeito ou injustiça.
- Exclusão.
- Cansaço, desconforto físico

Quais são suas reações mais frequentes à raiva? Enumere as mais comuns.

Reações mais frequentes
- Culpa e/ou ressentimento.
- Tristeza e letargia.
- Alheação de uma situação tensa.
- Comentários sarcásticos ou passivo-agressivos.
- Insultos.
- Esquivo de contato visual.
- Elaboração de uma história sobre situações desagradáveis.
- Interrupção de outros.

Depois de identificar seus gatilhos e as reações mais frequentes, comece a observar como eles surgem no cotidiano. Por exemplo, quando percebemos, em meio a uma situação complicada, que o gatilho da "ausência de controle" está chegando, já estamos interrompendo a reação habitual do piloto automático.

Ter consciência da experiência interior de gatilhos e raiva irá ajudá-lo a entendê-los mais depressa. Vamos levar essa conscientização a outro passo no próximo exercício.

Monitorar os gatilhos

Reserve uma semana para monitorar cada vez que você grita ou sente vontade de gritar. O objetivo inicial não é mudar suas ações, mas entender de onde elas vêm. Quais são as situações que as detonaram? Por que essa situação ativa o gatilho de reação ao estresse? Todas as informações reunidas em seu caderno de anotações permitirão que você tenha insights do que mudar em seu cotidiano, no autocuidado e no ambiente, auxiliando-o, assim, a gritar menos.

Sheila McCraith tem um excelente conselho para monitorar os gatilhos no livro *Yell Less Love More*[10] (2014). Ela nos lembra de sermos precisos, sinceros e comprometidos – e de mantermos a prática de monitoramento, ainda que achemos já ter reunido muitas informações. O objetivo de monitorar gatilhos é identificar padrões e tendências. A consciência é o alicerce vital das mudanças.

EXERCÍCIO

Monitore seus gatilhos

Reserve uma semana para registrar cada vez que gritar ou sentir vontade de gritar. Você pode escrever as ocorrências ou fazer um gráfico que deverá ser mantido em um local acessível para fazer as anotações sem demora.

Informações para o monitoramento
- Pessoa com quem você gritou.
- O que aconteceu (gatilho superficial).
- Como você se sentiu (gatilho profundo).
- Se alguém estava cansado ou com fome.
- O que você poderia fazer de modo diferente.

Talvez você fique desanimado ao perceber a frequência com que grita. Ao fazer esse exercício, lembre-se de que não está sozinho, afinal, intensas emoções fazem parte do ser humano. Ninguém espera que você seja perfeito, e seus filhos não precisam que seja perfeito. Na verdade, conforme erra e tenta de novo, ensina a eles como se desenvolverem e serem resilientes.

---

10 Em tradução livre, "Grite menos, ame mais". (N. da T.)

COMO GRITAR MENOS

Sempre que meu sono era interrompido à noite, eu ficava quase fora de órbita o dia todo. Esgotada, buscava recursos para lidar com os acessos de birra da minha filha de modo mais empático, mas falhava. Quando não atendemos às nossas próprias necessidades, não temos nada para oferecer.

Reduzir o nível geral de estresse

Reduzir nosso estresse talvez seja *a primeira coisa mais eficaz para que gritemos menos*. Quando não dormimos bem, quando assumimos muitas responsabilidades, quando vivemos correndo para conferir as coisas da nossa lista de afazeres, quando estabelecemos um diálogo interior negativo, é bem mais provável que nos descontrolemos com nossos filhos.

Esta é uma das razões de a ideia do "autossacrifício dos pais" ser tão insidiosa. Quando sacrificamos com frequência nossas necessidades em prol das de nossos filhos, todos perdemos. Eles perdem porque têm pais descontrolados, que parecem sempre à beira do colapso. Nós perdemos em desfrutar nossa vida e a de nossos filhos. E ainda perpetuamos esse padrão nocivo, efetivamente passando a bola para a próxima geração.

Alguma coisa soa meio perto da verdade para você? Se sim, convido-o a registrar a origem de sua crença de que "bons pais se sacrificam pelos filhos". Conforme começar a compreender essa (muitas vezes subconsciente) crença, conseguirá interromper o padrão e fazer novas escolhas.

Perceba que a prática do autocuidado não significa ser egoísta. Pelo contrário, é *responsabilidade parental*. Portanto, chegou o momento de você assumir a responsabilidade pelos níveis de estresse em sua vida e fazer escolhas para minimizá-lo.

Existem muitos livros sobre redução do estresse, mas, por ora, aqui estão minhas três coisas mais importantes (além da meditação de atenção plena) para reduzir seus níveis gerais de estresse:

- **Pratique atividades físicas com regularidade.** Elas são vitais física e mentalmente, pois atuam como uma válvula de escape para o estresse e ajudam o corpo na liberação de endorfinas, que intensificam a sensação de bem-estar. Encontre um jeito divertido de transpirar.
- **Durma bem.** A falta de sono não só pode afetá-lo negativamente, mas também pode comprometer seus relacionamentos. Há muitas coisas que melhoram a qualidade do sono, desde recorrer a estratégias de gerenciamento de tempo até encontrar técnicas de relaxamento que o ajudarão a dormir bem a noite toda.
- **Conviva com amigos e familiares.** O convívio social o deixa mais saudável e feliz, atuando como uma proteção contra o estresse. Os amigos o acolhem na tristeza, fornecem insights no conflito e ajudam você a se divertir nos momentos que está para baixo. Priorize o tempo com os entes queridos.

A prática regular de meditação plena também reduzirá o estresse. E ainda será útil mesmo quando você não estiver meditando, pois interromperá a *ruminação* – o hábito de ficar remoendo pensamentos que induzem à ansiedade – e você estará mais presente. Faça meditações breves várias vezes ao dia para ajudá-lo na redução do estresse ou tente meditar antes de dormir a fim de ter um sono de mais qualidade.

Para uma vida parental mais feliz, é indispensável que você atenda às suas necessidades de sono, atividades físicas, meditação e tempo com os amigos. E mais, estará sendo um exemplo para seus filhos de como viver a vida. Sim, às vezes suas necessidades podem ser postergadas, mas não as de uma criança. No entanto, nunca as adie indefinidamente. Afinal, você vive o que deseja que seus filhos aprendam. Eles estão aprendendo a cuidar de si mesmos e de suas necessidades de maneira saudável ou aprendendo a falta de amor-próprio e autoestima? O que deseja para suas crianças?

Resfriar quando as coisas esquentarem

A meditação de atenção plena e a redução do estresse minimizam a tendência de os gatilhos dispararem, mas sempre haverá momentos em que você perderá o controle. E aí, o que fazer?

A raiva é um sentimento complicado porque há custos tanto para manifestá-la quanto para reprimi-la. Se a expressamos, corremos o risco de magoar a quem amamos; se a reprimimos, somente postergamos o problema enquanto ele ferve de modo silencioso sob a superfície, devastando nosso corpo. O que fazer? Felizmente, existe uma terceira via.

A raiva é uma energia que precisa circular pelo nosso corpo para que consigamos percebê-la aflorando e permitir que se desloque através de nós. Gosto de chamar esse processo de "cuidar" da nossa raiva: liberamos essa energia e apaziguamos nosso sistema nervoso.

Vamos limitar essa reatividade do piloto automático em prol de alguns novos comportamentos. Eles não demoram muito – às vezes só alguns segundos e, no mínimo, o tempo de um grito –, mas serão como um músculo que você precisa desenvolver. Reagir de um jeito novo talvez seja difícil no início, entretanto as recompensas valem muito a pena: mais cooperação de seus filhos e mais interação com eles.

Afaste-se

Quando você está quase saindo de órbita, o sistema nervoso percebe uma ameaça ou um obstáculo. Portanto, deixe seu corpo e sua mente saberem que você está *seguro*, o que consegue afastando-se da cena. Desde que seu filho não corra risco nenhum, é bem melhor que você vá para outro cômodo da casa do que gritar com ele.

Na época que minha filha ainda dormia em berço, eu me sentia à beira de uma explosão quando ela não me ouvia. Então a colocava na caminha, saía do quarto e ia até a varanda do meu quarto, onde fechava a porta para respirar e me tranquilizar. Afastar-se quando se está prestes a perder o controle é uma alternativa inteligente.

Pratique o diálogo interior

Podemos informar nosso estado de segurança ao sistema nervoso dizendo a nós mesmos: *esta situação não é uma emergência, eu consigo lidar com ela*. Tais palavras ajudam a colocar o córtex pré-frontal verbal on-line e desaceleram a reação ao estresse. Por exemplo, diga "Estou ajudando meu filho" para lembrar seu sistema nervoso que a criança não é uma ameaça. Enfim, aí está o poder do pensamento de acalmar o corpo.

Sacuda-se

Você se lembra de que a reação ao estresse eleva a pressão arterial, tensiona os músculos e prepara o sistema fisiológico para a luta? Bem, a raiva intensifica a energia em seu sistema e você *precisa* liberá-la. Não soque um travesseiro ou grite – o que você pratica se torna mais forte.

Em vez disso, tente literalmente sacudir-se – mãos, braços, pernas e corpo inteiro – para liberar a energia. Muitos animais se sacodem dezenas de vezes ao dia para liberar os efeitos do estresse. Crianças pequenas se sacodem com naturalidade e minimizam a tensão. Talvez você pareça meio bobo, mas lhe fará bem. Na verdade, é um bônus maravilhoso rir de si próprio – o riso é a antítese da raiva!

Faça uma pose

A ioga proporciona práticas corporais e respiratórias eficazes para tranquilizar o sistema nervoso. Um jeito simples, relaxante e revigorante de liberar energia é inclinar o corpo para a frente: de pé e com os joelhos ligeiramente dobrados, incline-se como um gato. Ou fique na pose de criança: ajoelhando-se, pés juntos, incline-se para a frente, apoiando a testa no chão e estirando os braços à sua frente ou ao longo do corpo. Esses simples exercícios minimizam nosso engajamento com o exterior para que foquemos no nosso interior. Soltar alguns suspiros purificadores também funciona para liberar a tensão.

Respire

"Respire fundo" é um lugar-comum porque é verdade. A respiração profunda aumenta a quantidade de oxigênio no nosso corpo, mostrando ao sistema nervoso que tudo está "ok", desacelerando o ritmo do coração e criando sensações de tranquilidade e relaxamento.

═══════════ **PRÁTICA** ═══════════

Respire para liberar a tensão

Existem muitas técnicas de respiração profunda. Apresento duas que vão afastá-lo da reação ao estresse, levando-o ao oposto: descanso e relaxamento. Pratique estes exercícios a qualquer hora do dia para que seja mais fácil você se lembrar deles nos momentos difíceis!

Respiração em três partes
Essa respiração, também chamada de "respiração completa", ajuda a induzir sensações de calma e relaxamento. Cada inspiração ou expiração se divide em três partes, com um breve intervalo entre elas.

1. Inspire lentamente pelo nariz, enviando ar para o fundo dos pulmões (encha o abdome). Pausa.
2. Em seguida, puxe mais ar para encher a caixa torácica. Pausa.
3. Depois, encha o tórax até a clavícula. Pausa.
4. Expirando pelo nariz, relaxe o tórax e deixe o ar sair naturalmente abaixo das clavículas. Pausa.
5. Relaxe a caixa torácica, liberando mais ar. Pausa.

6. Por fim, encolha a barriga para liberar o restante de ar e completar a expiração.
7. Repita quatro vezes ou mais, conforme achar necessário.

Respiração cinco-oito
Contar a respiração força a mente a se concentrar no aqui e agora, afastando a atenção dos elementos estressores. Essa respiração profunda ajuda a acalmar o corpo.

1. Conte devagar até cinco enquanto respira fundo pelo nariz.
2. Expire pelo nariz ou boca também devagar, a ponto de ser necessária uma contagem completa até oito para expirar completamente.
3. Repita quatro vezes ou mais, conforme achar necessário.

Elaborar um programa pessoal

Nossas reações aos momentos complicados da parentalidade variam tanto quanto nós mesmos e nossas histórias pessoais. Talvez você tenha crescido com pais que se isolavam ou assumiam um comportamento passivo-agressivo em situações que lhes despertavam raiva. Talvez você esteja assumindo o padrão que gera a raiva no adulto e fazendo birra e gritando como eu. Considerando a diversidade de nossas experiências, inexiste uma solução única e perfeita para gritar menos.

No exercício proposto a seguir, você encontrará ferramentas que o ajudarão a agir de modo mais competente em situações difíceis, isto é, naqueles momentos em que normalmente grita. As competências de comunicação para tais casos serão apresentadas na Parte II deste livro, mas por ora inicie o trabalho para gritar menos, planejando e comprometendo-se com seu novo comportamento.

===== EXERCÍCIO =====

Elabore seu programa "gritar menos"

Planeje sua reação ideal diante de uma situação complicada com seu filho. O comprometimento antecipado com suas escolhas aumentará bastante as chances de que tenha êxito quando estiver com raiva. Escolha um conjunto de reações na lista a seguir e depois as escreva no diário "Criando bons humanos", ou poste-as em um local acessível.

- **Diga a si mesmo que está seguro:** "Esta situação não é uma emergência. Consigo lidar com ela".
- **Adote um mantra que mantenha sua lógica.** Repita-o várias vezes quando sentir que está prestes a explodir: "Ele é apenas um. Ele é apenas um...", ou "Não tenho que 'vencer' aqui; consigo deixar pra lá", ou "Escolho amar".
- **Crie um mantra para você mesmo.** Lembre-se de que existe a escolha de manter a calma. A seguir, alguns mantras que podem ajudar:
    "Eu sou uma mãe ninja."
    "Quando as crianças começam a gritar, eu me acalmo."
    "Cabeça fria."
    "Escolho a paz."
    "Relaxe, libere-se, sorria."
    "Isso vai passar. Respire."
    "Apenas seja gentil."
    "As coisas são como são."
- **Dê um tempo.** Se você percebe que vai sair de órbita e está à beira de um ataque de nervos, coloque seu filhinho em um local seguro, como o cercadinho ou o berço, e afaste-se por alguns minutos.
- **Faça a respiração cinco-oito:** inspire contando até cinco; expire contando até oito. (Veja o exercício anterior.)
- **Suspire fundo e relaxe.** Repita no mínimo cinco ou seis vezes.
- **"Tranquilidade, paraíso, sorriso, liberdade."** Use essas palavras rimadas para ajudar você na respiração consciente. Quando estiver inspirando, pense "tranquilidade". Ao expirar, convide-se ao "paraíso",

à sensação de paz. Ao inspirar, pense "sorriso". Quando estiver expirando, pense em "liberdade".
- **Caminhada consciente.** Ande lenta e deliberadamente. Respire e libere raiva e frustração. Apoie um pé no chão enquanto inspira, depois o outro e expire. Caminhe com foco e libere tensão corporal.
- **Pense como um professor.** Não leve um comportamento inadequado para o lado pessoal. Em vez disso, encare-o como uma oportunidade de aprendizado. Pergunte a si mesmo: *o que meu filho precisa aprender e como vou ensiná-lo?*
- **Sussurre.** É quase impossível sentir raiva quando se sussurra, e isso ainda o ajuda a encontrar seu senso de humor acerca da situação.
- **Use uma voz engraçada ou encene um personagem.** Personifique sua energia para ser um robô!
- **Tensione e relaxe os músculos.** Isso o ajudará a se acalmar.
- **Solte-se na pose de criança.** (Consulte "Faça uma pose" neste capítulo.)
- **Espere dez minutos – ou vinte e quatro horas.** Depois de dez minutos, ou mesmo no dia seguinte, converse com seu filho sobre linguagem ou comportamento inadequados.
- **Peça ajuda a outro adulto.** Saia da situação para se acalmar.

No início, essas ferramentas talvez lhe soem desconfortáveis, em especial se não forem conhecidas. Portanto, permita-se "simulá-las até conseguir", pois, com a prática, descobrirá novas trilhas neurais no cérebro. *Lembre-se: o que você pratica se torna mais forte!*

Escolha três ou quatro das ferramentas apresentadas e pratique-as com regularidade para criar um novo hábito de reação. Não se preocupe se não se lembrar do seu novo programa de imediato. Estamos tentando antecipar esse momento de consciência na linha do tempo. No começo, é possível, e até normal, que você se lembre do novo programa depois de gritar. Continue tentando. Coloque avisos pela casa (sou muito fã de Post-its). Conforme tenta, continue firme na intenção de não gritar; talvez se recorde disso no meio do grito, mas depois acabará se lembrando antes dele.

Quando começamos a lidar com a energia da raiva e esperamos que ela passe, tornamo-nos mais presentes para nossos filhos e com seus sentimentos exacerbados. Se formos capazes de nos manter na linha durante um conflito, mostraremos que não existe nada de "errado" nisso, pois faz parte do ser humano.

Conheça a fantástica conquista compartilhada por minha aluna Valerie no curso "Parentalidade consciente":

A história de Valerie
Tive um momento "ahá" hoje quando meu filho de três anos surtou, tentando destruir coisas e arremessando tudo que encontrava pela frente. Então, precisei colocar o programa em prática – "Não vou deixar você se machucar; não vou deixar você destruir isso" – enquanto permanecia calma, bloqueada e certa de que ele estava fisicamente seguro. Apesar de recorrer ao mantra "Estou ajudando você", passados cinco minutos senti minha raiva aflorando.

Desligando-me um pouco da situação, percebi o velho padrão (do qual eu estava ciente) de não aceitar os sentimentos exacerbados do meu filho e julgar seu comportamento. Pensei naquela birra toda como se fosse algo que ele estivesse fazendo para mim. Fui capaz de restabelecer minha calma.

A birra continuou e, depois de poucos minutos, vivenciei de novo a raiva. Mais uma vez tentei me afastar da situação e percebi o que estava pensando: por que ele está assim? O que faço/não faço? O que poderia fazer melhor? Poxa, acho que estou fazendo alguma coisa errada...

Então, caí em mim: não havia nada para descobrir, não havia nada para fazer além de estar ali com ele de todo o coração, sem julgá-lo pela birra, mas mostrando-lhe amor. Talvez ele tenha almoçado mal e estivesse faminto... Percebi que não era minha culpa! Simplesmente era daquele jeito. Meu filho estava somente manifestando sua frustração em grande estilo.

Viver me questionando e julgando me leva a ser reativa no momento e a me ausentar do aqui e agora. O melhor é simplesmente aceitar as emoções como elas são, sem escândalos. (Estou aprendendo a deixar de lado a ideia de que "alguma coisa está errada comigo.")

Em momentos assim preciso respirar e me lembrar de que não existe outro lugar para eu estar, nada que possa fazer, exceto focar a atenção em aceitar meu filho como ele é, mantê-lo seguro e estabelecer o limite de não permitir que destrua as coisas por causa da frustração.

Uau! Superei o momento e nos aconchegamos no sofá depois que passou.

Dominar seu temperamento irá ajudá-lo a fortalecer o relacionamento com seu filho. Colocando em prática essas ferramentas, estará dando a ele o que a maioria de nós nunca teve – um exemplo de como lidar com a energia da raiva. Se você conseguir ficar presente nos momentos de exacerbação dos sentimentos de seu filho, em vez de só extravasar as próprias emoções, possibilitará a ele que desenvolva uma saudável inteligência emocional, ciente de que não há quaisquer problemas em *todas* as emoções. Com o tempo, você mudará a dinâmica do lar, criando mais paz e tranquilidade.

DESARME SEUS GATILHOS E ESTEJA MAIS PRESENTE

A maioria de nós não aprendeu o que fazer diante do sentimento de raiva interior, então, quando ele aparece, ficamos perdidos, reagindo em geral do mesmo modo que nossos pais reagiam: gritando e perdendo o controle. Aprender a lidar com a raiva é uma prática poderosa. Conforme o fazemos em benefício próprio, acabamos matando dois coelhos em uma cajadada só: modelamos também uma gestão emocional compassiva e eficaz a nossos filhos.

Podemos abordar nossa raiva de muitos ângulos diferentes. Queremos dar sentido à nossa infância e começar a entender a origem de alguns gatilhos; precisamos ter certeza de que não temos muito estresse acumulado, o que nos leva a gritar com nossos filhos; podemos usar ferramentas para acalmar corpo e mente; podemos encarar a nossa situação pessoal e criar um programa para reagir aos gatilhos de maneira mais saudável. Finalmente, podemos colocar em prática ferramentas que nos permitirão identificar os sentimentos que afloram – em nós e em nossos filhos – antes de se transformarem em raiva e fúria.

Como os gatilhos talvez estejam profundamente enraizados em nós, em geral é necessário algum esforço consciente para uma reação mais atenta. Não desanime se isso não acontecer de um dia para o outro! Acontecerá com o passar do tempo. No próximo capítulo, vamos abordar a atitude mental para conseguirmos manter essas práticas durante o tempo necessário para a mudança. Nesse ínterim, mais práticas.

NESTA SEMANA, PRATIQUE...

- meditação em posição sentada de cinco a dez minutos, quatro a seis dias por semana
- monitoramento dos gatilhos
- respiração para liberar a tensão (a de três partes e a cinco-oito)
- programa pessoal "gritar menos"

CAPÍTULO 3

PRATICAR A COMPAIXÃO (COMEÇA COM VOCÊ)

> *Sentir compaixão por nós mesmos de forma alguma nos isenta da responsabilidade por nossas ações. Em vez disso, liberta-nos do ódio de nós mesmos que nos impede de responder à nossa vida com clareza e equilíbrio.*
>
> TARA BRACH

Era um dia claro de outono, na hora do cochilo de minha filha de dois anos. Cruzei os dedos para que ela dormisse um pouco, pois precisava concluir um trabalho. Infelizmente, não tive essa sorte: minha filha choramingava sem parar. Então saiu do quarto e a levei de volta. Reiteradas vezes. Ela estava exausta e precisava de uma soneca. *Eu* precisava. Minha irritação aumentava. No quarto, ela começou a jogar coisas e saía de lá sem parar. Fui vê-la de novo, tremendo de frustração e sentindo-me incapaz de ajudá-la. Ao pegá-la pelos braços para colocá-la na cama, fui muito rude. O medo dela era óbvio. Sentindo seus bracinhos sob minhas mãos fortes, caí em mim: *é assim que os pais machucam os filhos. Oh. Meu. Deus.* Soltei-a e saí aos prantos do quarto.

Enquanto as lágrimas escorriam, minha mente crítica interveio: *o que há de errado comigo? Como pude fazer isso? Sou uma mãe horrível*, e por aí vai. Meus pensamentos eram de hostilidade e amargura; dizia coisas a mim mesma que nunca diria a outra pessoa. Isso ajudou? Não, apenas me deixou com a sensação de fraqueza, isolamento e incapacidade.

NOSSA VOZ INTERIOR É IMPORTANTE

O modo como falamos com nós mesmos depois dos nossos erros pode determinar se regredimos ou se nos desenvolvemos com a experiência. A autoavaliação de fato *importa*. Por quê? Para usar uma metáfora do escritor best-seller de autoajuda e palestrante motivacional Wayne Dyer (2004): "Se eu apertasse uma laranja o mais forte que conseguisse, o que sairia dela? Suco, é claro. Mas que tipo de suco? Não seria de maçã nem de kiwi. Seria suco de laranja. Assim como a laranja, quando somos 'espremidos' *sai o que está dentro de nós*".

O que sai de *você* quando é espremido? Uma madrasta interior cruel? Se sua voz interior é hostil e crítica, então é isso que talvez também ressoe para seu filho. Para mim, naquele momento em que estava espremida, aflorou a hostilidade. E críticas negativas e depreciativas. Afinal, era o que havia dentro de mim, e me senti totalmente incapaz.

A história de Holly
Holly era uma mãe que trabalhava e morava sozinha com seus três garotos. Em razão de o filho de oito anos ter pesadelos, ambos ficavam acordados à noite, e o cansaço se transformava em raiva durante o dia. Uma manhã, depois de mais uma noite sem dormir, ela estava tomando banho quando o filho entrou, enfurecido com alguma coisa, e puxou a cortina do chuveiro. A haste cedeu, expondo Holly. Ela saiu de órbita, gritando e batendo no rosto do menino.

Depois, por dias se sentiu oprimida pela vergonha, culpa e arrependimento. Não conseguia parar de chorar, paralisada pela própria voz interior. Holly me disse: "Eu não queria comer e não conseguia dormir. Continuava pensando que era uma mãe horrível. Não merecia ter filhos".

Uma semana depois, a mãe dela chegou para uma visita e ficou chocada com o estado da filha. Holly disse: "Eu era uma inútil. Não estava ajudando ninguém. A vergonha de mim mesma não ajudava a me reconectar com meus filhos". Sua voz interior hostil e crítica a envergonhava e agravava uma situação já bem ruim.

Holly não está sozinha. Muitos de nós reagimos aos nossos erros e às nossas falhas nos julgando e criticando sem piedade. Nossa voz interior nos inunda com pensamentos de vergonha que não ajudam. Um diálogo interno negativo e a vergonha de nós mesmos não nos tornam pais mais eficientes ou pacíficos. Na verdade, *fazem o oposto*. A vergonha desperta a sensação de estarmos encurralados, impotentes e isolados. Desse modo, não conseguimos ser uma presença carinhosa e compassiva para nossos filhos.

Vergonha não ajuda

Brené Brown, pesquisadora norte-americana, tem nos auxiliado a entender a diferença entre culpa e vergonha. *Vergonha* é o sentimento negativo sobre nós mesmos; *culpa* se relaciona ao comportamento – um sentimento de "consciência" por termos feito alguma coisa errada ou contrária aos nossos valores. A pesquisa de Brown (2012) nos mostrou que a culpa pode ser útil e ajustável, enquanto a vergonha é destrutiva e não nos ajuda a mudar nosso comportamento. Como ela diz: "A vergonha corrói aquela parte de nós que acredita que somos capazes de mudar".

Quando nos sentimos pessoas horríveis, torna-se quase impossível nos fortalecermos para promover uma mudança.

Além disso, se queremos que nossos filhos tenham autocompaixão, devemos *demonstrá-la*. Por exemplo, se você está habituado à vergonha, seu filho vai aprender a mesma coisa. Como já foi dito antes, nossos filhos provavelmente não sejam tão bons em fazer o que falamos, mas são ótimos em fazer o que fazemos. É deste jeito que se transmitem padrões geracionais nocivos: a voz crítica e hostil de um pai, de uma mãe ou de um responsável vira a voz interior da criança, que depois se torna pai/mãe e reitera o hábito da hostilidade.

Não atirar a segunda flecha

Talvez você pense em vergonha pessoal como a "segunda flecha". Em uma antiga parábola budista, Buda certa vez perguntou a um discípulo: "É doloroso se uma pessoa for atingida por uma flecha? É ainda mais doloroso se ela for atingida por uma segunda flecha?".

Então ele explicou: "Na vida, nem sempre podemos controlar a primeira flecha", o que significa que coisas difíceis e dolorosas acontecerão para todos. No entanto: "A segunda flecha é nossa reação à primeira. A segunda flecha é *opcional*".

Nossa crítica hostil é a segunda flecha mental. Não nos ajuda na cura do ferimento da primeira. Na verdade, a segunda flecha, relacionada a nos envergonharmos e a culpar os outros e a nós mesmos, é opcional. Temos uma escolha e podemos optar por incorporar bondade e autocompaixão ao nosso sofrimento.

A CURA PELA AUTOCOMPAIXÃO

Imagine se, em vez de sentirmos vergonha de nós mesmos, pudéssemos nos oferecer a gentileza e o cuidado com que trataríamos um amigo. As coisas mudariam? Pesquisas evidenciam que essa abordagem nos ajuda a desenvolver e a aprender com nossos erros melhor do que o velho paradigma da reprovação.

Kristin Neff, pesquisadora, escritora e professora da Universidade do Texas em Austin, tem dedicado sua vida profissional ao estudo da compaixão e da autocompaixão. Neff (2011a) escreve:

> Estas não são apenas ideias "agradáveis". Há um número cada vez maior de pesquisas que atestam o poder motivacional da autocompaixão. Pessoas com autocompaixão definem altos padrões para si mesmas, mas não ficam tão preocupadas se não atingem seus objetivos. Pesquisas mostram que, em vez disso, depois do fracasso, são mais propensas a definir novas metas para si, em vez de chafurdar em sentimentos de frustração e desapontamento. Pessoas com autocompaixão

são mais propensas a assumir a responsabilidade por seus erros passados, enquanto os reconhecem com maior equanimidade emocional. Pesquisas mostram também que a autocompaixão ajuda as pessoas a se engajarem a comportamentos mais saudáveis, como cumprir suas metas de perda de peso, praticar exercícios, parar de fumar e procurar atendimento médico quando necessário.

Como praticar o diálogo interior

Neff divide a autocompaixão em três elementos: *autobondade, humanidade comum* e *atenção plena*. Então, como começar a prática da autocompaixão em vez do autojulgamento? A resposta é esta: percebendo e interrompendo o diálogo interior negativo. A prática regular de meditação irá ajudá-lo, dando-lhe mais clareza e consciência dos pensamentos em geral. Não importa a frequência com que note aquela voz crítica e depreciativa, apenas tente captá-la com plena consciência e diga para você: "Olá, velho padrão", interrompendo o antigo hábito tão nocivo. É bem possível que esse padrão de diálogo interno negativo "praticado" inconscientemente por anos seja intenso e tenaz, dificultando o processo de se livrar dele, mas você conseguirá criar um novo padrão. Esse é o dom da neuroplasticidade (discutido no Capítulo 1): o que você pratica pode se tornar mais forte.

Autobondade

O que você diria ao seu melhor amigo em um momento similar ao do incidente do chuveiro de Holly? Provavelmente alguma coisa do tipo: "Você *não* é uma mãe terrível. Apenas se sentiu ameaçada e reagiu. Você é uma pessoa boa".

É exatamente desse jeito que precisa praticar a mudança de seu diálogo interior. Em vez de se entregar à crítica interna hostil, encontre palavras sinceras e gentis que acalmem seu sistema nervoso em frangalhos. Pense em se *ajudar* em vez de se *envergonhar*. Fale consigo como falaria com seu melhor amigo. A princípio, pode soar estranho e desconfortável, mas a reiteração fortalecerá esse novo hábito de bondade.

Eu me arrependi de imediato na última vez que gritei com minha filha. Quando senti que ambas estávamos prontas, pedi desculpas e a abracei. Em vez da crítica interior hostil e depreciativa, pratiquei a autocompaixão, reconheci meus pensamentos críticos: "*Estou pensando* que sou uma péssima mãe". Então, ofereci a mim mesma o máximo de solidariedade e bondade que consegui. Tentei me lembrar de como a parentalidade é complicada e de como às vezes é difícil controlar nosso temperamento. Com esse tipo de reação interior saudável, em vez de me sentir paralisada pela vergonha, voltei minha atenção à minha filha – uma vitória para nós duas!

Humanidade comum

O segundo elemento da autocompaixão é o reconhecimento de que *não somos os únicos a cometer erros*. Neff o chama de "humanidade comum versus isolamento".

Pensamos coisas do tipo "*não* deveria ter gritado com minha filha" e "bons pais *jamais gritam como eu*", e isso nos leva ao sentimento de solidão em nosso sofrimento. Entretanto, *todos* somos humanos que erram e pais imperfeitos. Nossas imperfeições nos fazem ser humanos. Com certeza, há momentos em que eu – uma Mãe Mentora de atenção plena – cometi erros com minhas filhas dos quais me arrependo. De novo: nenhum de nós está sozinho nessa jornada.

Mindfulness ou atenção plena

Por fim, a autocompaixão implica o *reconhecimento*, por meio da atenção plena, de que estamos sofrendo. Devemos praticar a percepção dos pensamentos que afloram e a objetividade acerca deles.

Precisamos prestar atenção em como nos tratamos quando os erros acontecem e também dar a nós mesmos solidariedade e gentileza.

Pense em todo o sofrimento que inflige a si mesmo por meio de autocríticas e autojulgamentos severos. Depois de perceber esses pensamentos, escolha outro caminho, oferecendo-se compaixão e bondade quando você não atender aos seus padrões. A atenção plena o ajuda a não ser arrastado por reações negativas.

Pratique a bondade amorosa

Uma maneira transformadora de construir a musculatura da compaixão é por meio da antiga prática da *bondade amorosa*, seja com uma meditação formal, seja com pensamentos compassivos ao longo do dia. O termo "bondade amorosa" é uma tradução da palavra *metta*, na língua páli[11], que significa "amigável, cordial, benevolente, afetuoso, gentil ou amor solidário". É o antídoto perfeito para aquela voz interior cruel.

Como praticar? Basicamente comece cultivando o sentimento de bondade amorosa dirigido a alguém fácil de ser amado. Depois estenda a prática a si, e, em seguida, àqueles com quem mantém relacionamentos mais complicados.

Assim como acontece com a atenção plena, se você se limitar a ler sobre a bondade amorosa, não desenvolverá essa competência! Essa *prática*, quando regular, pode mudar seu cenário interior, abaixando o volume daquela voz interior hostil e proporcionando uma alternativa amorosa. Não pense que só se deve praticá-la em momentos difíceis! Assim como desenvolver músculos na academia, você desenvolve os músculos da autocompaixão aos poucos, com o tempo.

---

11 Língua litúrgica utilizada na escola Theravada ("escola ou doutrina dos anciões") do budismo. Pertence ao tronco linguístico indo-europeu. É uma língua antiga indiana, próxima daquela falada por Buda. (N. da T.)

PRÁTICA

Bondade amorosa

A bondade amorosa é uma forma ativa de amor. Uma maneira de olharmos para nós mesmos e para os outros com bondade, e não com crítica reflexiva. Podemos recorrer a ela seguindo os passos descritos a seguir ou ouvindo o áudio disponível, em inglês, no site http://www.raisinggoodhumansbook.com. Depois, inclua essa prática na rotina de meditação.

- Sente-se em uma posição atenta e confortável. Deixe a mente livre e o coração amigável e suave. Relaxe o corpo.
- Sinta a inspiração e a expiração. Perceba todos os pensamentos que aflorarem e, em seguida, concentre-se de novo na respiração.
- Preste atenção em todas as emoções presentes. Relaxe um pouco o corpo enquanto expira.
- Imagine alguém que se importou de fato com você, alguém fácil de amar. Imagine essa pessoa em sua mente e pronuncie as seguintes frases:

    Que você esteja seguro.
    Que você esteja feliz.
    Que você esteja saudável.
    Que você tenha uma vida boa.

    Se quiser, mude as frases. Repita-as indefinidamente, permitindo que os sentimentos se incorporem totalmente ao seu corpo e à sua mente.
- Neste momento, pratique a bondade amorosa para consigo. Imagine-se como é agora ou então como uma criança de quatro anos. Diga a si mesmo as frases a seguir (ou outras que se relacionem a você) e, ao repeti-las, imagine-se inundado pela luz da bondade amorosa:

    Que eu esteja seguro.
    Que eu seja feliz.
    Que eu seja saudável.
    Que eu tenha uma vida boa.

- Às vezes, o ritual soará mecânico ou estranho, ou talvez até mesmo irritante. Se isso acontecer, seja paciente e gentil consigo. Aceite o que aflorar com um espírito de amizade.

> Quando sentir que conseguiu criar algum senso de bondade amorosa, expanda sua meditação e inclua outras pessoas: amigos, membros da comunidade, todos os seres no mundo, até mesmo aqueles com quem tem problemas, desejando que também sejam inundados de bondade amorosa e paz.

Ao incorporar a bondade amorosa à sua vida, você terá mais paz, tranquilidade e gentileza, o que acabará transmitindo com mais frequência aos outros. Wayne Dyer (2004), guru de autoajuda, ao longo da vida foi exemplo da seguinte mensagem: "Se quiser dar e receber amor e alegria, mude sua vida transformando o que estiver dentro dela".

Da mesma forma, Brené Brown, pesquisadora que se debruçou sobre o tema vergonha, escreveu em *Daring Greatly*[12] (2012, p. 177): "Não podemos dar às pessoas o que não temos. Quem somos importa infinitamente mais do que o que sabemos ou queremos ser". A parentalidade com certeza vai "espremê-lo", ou seja, trazer à tona todos os problemas não resolvidos. Portanto, é uma bela oportunidade de deliberadamente ser o que você deseja em sua vida. O que você pratica se torna mais forte.

MODELAR BONDADE E EMPATIA

Aos dois anos, minha filha caçula corria até onde a irmã mais velha estava brincando, agarrava o brinquedo e bagunçava todo o jogo – tudo para chamar a atenção. As crianças quase sempre são um completo desastre no assunto relacionamento, pois ainda estão imaturas (por definição, o cérebro humano só se desenvolve plenamente na faixa dos 20 anos). Portanto, nossos filhos precisam de nossa orientação e de comportamentos parentais que exemplifiquem como se dar bem no mundo.

---

12 No Brasil, publicado com o título *A coragem de ser imperfeito*. (N. da T.)

As crianças se preocupam naturalmente com os outros. Assim como percebemos que *o que praticamos se torna mais forte* para nós mesmos, é importante lembrarmos que o que praticamos floresce também dentro dos nossos filhos. Portanto, devemos modelar o que queremos neles: bondade e empatia. Pense na bondade como *a qualidade* de ser amigo, generoso e atencioso – querer ver os outros felizes – e na empatia como *o modo* que fazemos as coisas.

Dar e receber bondade

Por que bondade? Não devíamos falar sobre respeito e poder quando o assunto é sobre ser pai/mãe? Embora todos desejemos que nossos filhos sejam bondosos consigo e com os outros, o que os ajudará a ter uma vida feliz, às vezes, como pais, pensamos que força, manipulação e medo são relevantes para que as crianças façam o que queremos e respeitem nossa autoridade. No entanto, força e manipulação não implicam autoridade, e medo não implica respeito. Esquecemos que, recorrendo a esses elementos com nossos filhos, eles os usam com os outros. Assim, se queremos que valorizem a bondade, devemos praticá-la – mesmo enquanto mantemos limites. E mais, bondade e empatia fomentam a interação, e esta leva à cooperação.

A bondade se inicia com nós mesmos, portanto, trabalharmos para interromper e substituir nosso criticismo interior severo é um excelente começo. Examinemos também nossas outras atitudes e crenças. Por exemplo, o autocuidado é egoísmo? Muitos de nós incorporamos essa ideia no decorrer da nossa jornada. Talvez tenhamos aprendido que pessoas boas precisam ser "altruístas", cuidando dos outros, mesmo à custa do bem-estar pessoal. No entanto, autobondade é vital para um bom relacionamento. Não significa egoísmo, mas sapiência.

Lembre-se da metáfora da laranja: "Quando você é 'espremido', o que sai?". Se praticarmos ser amigáveis, generosos e atenciosos conosco, assim o seremos também com nossos filhos, que, por sua vez, aprenderão a ser amigáveis, generosos e atenciosos. Belo ciclo, certo?

Empatia, o superpoder da parentalidade

Como já dito, a empatia é o *jeito* como praticamos a bondade. De forma simples, empatia é a consciência das emoções e dos sentimentos alheios. É o nosso vínculo com os outros, a forma como entendemos aquilo que estão passando. Em vez de nossa atitude ser apenas "ah, coitado" em relação a alguém sofrendo, com empatia ela é mais: "Caramba, que droga, hein, sei bem como é isso".

A empatia, além de essencial para criarmos laços mais fortes com nossos filhos, pode ser aprendida e cultivada. Como? Praticando a sintonia com as pistas emocionais de outra pessoa e assumindo a perspectiva dela.

Theresa Wiseman (1996), enfermeira acadêmica no Reino Unido, estudou empatia e assim a apresenta:

- **Ser capaz de ver o mundo como os outros o veem.** Isso requer olhar além de si para enxergar a situação através dos olhos dos entes queridos.
- **Não julgar.** O julgamento das situações de outras pessoas significa ignorar os problemas delas, revelando uma tentativa de autoproteção à dor daquela situação.
- **Entender os sentimentos de outra pessoa.** Precisamos nos conectar aos nossos sentimentos para entender os de outra pessoa. Mais uma vez, isso requer olharmos além de nós e nos focarmos nos entes queridos.
- **Comunicar que reconhecemos os sentimentos de outra pessoa.** Em vez de dizer "Pelo menos você..." ou "Poderia ser pior...", tente: "Já passei por isso e sei como dói" ou "Parece que você está em uma situação bem complicada. Quer conversar?". Essa abordagem talvez não aflore de forma intuitiva. Mais adiante abordaremos com mais detalhes como falar dessa maneira.

A história de Keisha
A filha de Keisha queria trocar os brincos que usava – uma tarefa ingrata e repleta de lágrimas. Keisha temia esses momentos porque acabavam aumentando sua irritação, o que só piorava o choro da filha. Até que, um dia, fez uma pausa e disse a si mesma: "Keisha, você está ficando com raiva por quê? Porque eu acho que minha filha não está sendo 'corajosa' e continua chorando. E eu fui ensinada a 'ser durona' e a não chorar. Mas minha filha não sou eu, e hoje não é aquela época. Isso dói, ela está apavorada e é real".

Praticando empatia, Keisha parou para ver além de si mesma e desse modo estar no aqui e agora da filha. Abraçando-a, disse: "Estou vendo que você está com medo e sei por quê. Lamento que seja doloroso. Vamos juntas respirar fundo e, quando estiver pronta, colocamos o outro brinco".

Empatia é o superpoder da parentalidade, a competência que ajudará nossos filhos a alcançarem o Santo Graal da autorregulação emocional. Quando somos capazes de sentir o que as crianças estão sentindo e vivenciando – e ficamos no aqui e agora com elas –, construímos interação e sintonia.

Em *Parenting from the Inside Out*, Daniel Siegel e Mary Hartzell (2014, p. 63) dizem que a empatia permite que uma criança "se sinta percebida, sinta que está presente na mente dos pais". Quando criamos nossos filhos com empatia, ficamos mais conectados a eles e conseguimos entender o que querem. Ela nos ajuda a resolver mais facilmente todos os conflitos.

Observe que mostrar empatia requer que nosso próprio "copo esteja cheio". Portanto, o autocuidado é vital para que sejamos capazes de mostrar bondade e empatia. Lembre-se de que o autocuidado não é o tipo de coisa "legal". É *direito* e *responsabilidade*.

E não se preocupe: mesmo que tenha cometido um pequeno deslize em empatia, sempre poderá cultivá-la. Como criaturas sociais, estamos "programados" para ela, mas também a aprendemos e praticamos.

Acalmar a mente julgadora

Todos temos uma voz interior crítica que vive nos julgando e também os outros. Lembra que autojulgamentos severos às vezes comprometem nossa evolução e aprendizagem? Pois bem. Eles têm um efeito semelhante nos nossos filhos, minando-lhes a autoconfiança. Julgamentos e críticas os magoam, enviando-lhes a mensagem: "Não gosto de como você é e não aceito isso".

No entanto, nossa mente está sempre julgando! Quando nos sentimos desconfortáveis ou observamos em nossas crianças um comportamento que nos incomoda, naturalmente somos invadidos por julgamentos. É normal. A prática de atenção plena irá ajudá-lo na percepção desses pensamentos para conseguir interrompê-los. Quando os identificamos como "julgamento", já minimizamos seu poder.

Procure gravar que as crianças que *agem* mal se *sentem* mal, o que ajuda a aflorar nossa compaixão natural (embora, às vezes meio, soterrada). Muitas vezes não levamos a sério o sofrimento dos nossos filhos, o qual não nos parece grande coisa, afinal, por que tanto escândalo? Quem se importa se uma criança chama a outra de baixinha?

Porém, quando ignoramos os problemas de nossos filhos, eles se sentem negligenciados. Assim, devemos recorrer à atenção plena para a percepção dos nossos pensamentos e, depois, à *escolha* consciente de reagir com bondade e empatia ao comportamento das crianças. Desse modo, fortalecemos a interação com elas, aumentando a probabilidade de que reajam de modo cooperativo no futuro.

A voz crítica interior também ativa a prática de atenção plena. Ela pode dizer: "Não consigo fazer isso", ou "Nunca serei capaz de fazer isso", ou "Outras pessoas são muito melhores nisso". Independentemente do que estamos julgando – nossa parentalidade, nossa prática ou nossos filhos –, a atenção plena nos ajuda a parar e reconhecer o surgimento dessa mente julgadora. Experimente cultivar, de modo consciente, uma atitude de aceitação e curiosidade amigável e veja como se sente e como isso afeta seus relacionamentos.

Empatia, bondade e ausência de julgamento são atitudes benéficas para nós como pais... ainda que difíceis de serem lembradas quando estamos na correria com as crianças. Por isso, ao concluirmos este capítulo sobre como cultivar a bondade de dentro para fora, é imperativo que falemos um pouco sobre *paciência*.

Paciência? Está de brincadeira comigo?

Você se lembra da sua mãe lhe dizendo para "ser paciente" quando criança? Eu lembro. Paciência nunca foi meu forte, e só a palavra já deixa um gosto desagradável em minha boca (olá, traumas de infância!). Entretanto, neste mundo de ritmo tão acelerado, os pais carecem desesperadamente de paciência. O simples ato de *se apressar* é interpretado por nosso sistema nervoso como uma ameaça, o que desencadeia a reação ao estresse.

A prática da paciência minimiza a reatividade. Conseguimos desacelerar para que nossos filhos coloquem os sapatos, lembrando que não é o fim do mundo se nos atrasarmos cinco minutos. E ainda aproveitamos aquele essencial momento de pausa para fomentar nossa consciência acerca dos sentimentos e das motivações envolvidos em qualquer momento da parentalidade. É o tempo de respirar e reconhecer o que está *realmente* acontecendo no aqui e agora.

Travo uma batalha diária com a impaciência. Meu "hábito energético" é fazer as coisas com eficiência e então passar para o próximo momento. Essa falta de paciência é quase sempre a culpada quando eu e minhas filhas passamos por conflitos estressantes. Quero sair de casa *imediatamente*. Quando minha impaciência vence, sou uma mãe reacionária e mal-humorada, mas, se consigo um mínimo de paciência, as coisas com frequência ficam mais leves.

Alguns anos atrás, ao entrar na sala onde minhas filhas brincavam com uma amiga, vi cadeiras viradas, móveis cobertos com cachecóis e quase toda a mobília entulhada de bichinhos de pelúcia e blocos de brinquedo. Quis que arrumassem tudo *na mesma hora*. A situação exigia o que não é meu ponto forte, paciência. Mas, aprendendo com momentos explosivos do passado, consegui um tempo para uma conversa calma. Aparentemente, o elefante de pelúcia das meninas precisava de um curativo para um ferimento. Munida dessa compreensão, esperei que o tratassem antes de compartilhar com elas a minha necessidade de arrumar o cômodo. O bônus de desacelerar me deu tempo para me expressar de modo mais adequado, em vez de disparar palavras de ordem. A paciência me permitiu a consciência das necessidades das minhas crianças naquele momento, e nosso dia não ficou comprometido por brigas e gritos.

É possível permitir que as coisas transcorram em seu próprio ritmo, em vez de tentar controlar a situação? Como se sabe, o ritmo de uma criança é muito mais lento do que o de um adulto. Elas são naturalmente criaturas do momento presente, curiosas em relação ao mundo que as rodeia. Com muita frequência, nós, adultos, as doutrinamos no hábito da "pressa o tempo todo", enquanto deveríamos dar-lhes mais espaço e tempo para se movimentarem em ritmo próprio, sem apressá-las.

Não é fácil – acredite em mim, estou do seu lado. Por esse motivo usamos a palavra *prática*. Não conseguiremos agir com paciência o tempo todo, e tudo bem. No entanto, quanto mais pressa tivermos, maior a probabilidade de que nosso estilo de vida induza estresse e ansiedade nos nossos filhos. Desacelerar vale a pena.

A lógica da paciência vem com uma ressalva: é fácil quando as coisas caminham bem. Mas, na verdade, é particularmente útil cultivá-la quando a mente está agitada e os pensamentos descontrolados; portanto, visando fortalecê-la, temos de praticá-la em muitas situações. Recomendo-lhe que seja paciente *consigo mesmo*. Essa história de parentalidade é complicada, e às vezes nos sentimos feito uns rinocerontes furiosos; perfeitamente normal. Pratique a paciência em momentos complicados para desenvolvê-la!

===== **PRÁTICA** =====

Mantras para paciência

Escolha um ou dois destes mantras, escreva-os em Post-its e distribua-os pela casa. Repita-os quando necessário!

- Ajudo mais meu filho quando estou calmo.
- Quando as crianças começam a gritar, mantenho-me calmo.
- Escolho a paz.
- (*Inspirando*) Eu sou o amor. (*Expirando*) Consigo me controlar.
- Relaxe, solte-se, sorria.
- Isso vai passar. Respire.
- Seja amável.
- As coisas são como são.

- **Paciência com a prática de meditação.** A paciência também é um fator importante na meditação de atenção plena. Cultive-a, lembrando-se de que não há para onde ir e nada mais a fazer quando notar que sua mente julgadora está agitada ou inquieta. Dê a si espaço para viver essas experiências. Por quê? Porque as está tendo! Quando as coisas afloram na meditação, elas constituem a realidade do momento. É a vida se desenvolvendo.
- **Paciência na vida.** Lembre-se de que não precisamos ocupar todos os momentos com entretenimento, distrações e atividades. A vida fica melhor quando criamos espaço e tempo para absorver cada instante, sem correr para a próxima tarefa. Ao desfrutarmos algum tempo livre e não estruturado por atividades, acabamos aproveitando-os ainda mais como a família. Descansar é uma coisa boa.

PARE DE TENTAR COM TANTO ÍMPETO

"Ok, Hunter", talvez você diga a si mesmo, "agora tenho uma grande lista de coisas a fazer, incluindo praticar a bondade amorosa, perceber meus pensamentos negativos, praticar a paciência e abandonar o julgamento. Vou começar a trabalhar já!"

Pelo contrário, relaxe um pouco e absorva essas ideias (no futuro, conforme necessário, volte e releia este capítulo). Por quê?

É bem possível que desde a infância tenham-no preparado para definir e concretizar metas. Em razão disso, fica complicado parar e focar no aqui e agora, não importa o que esteja acontecendo. Nossa tendência é nos dizer: "Se ao menos eu fosse... (mais calmo, mais inteligente, mais dedicado ao trabalho, mais saudável, mais rico), então eu estaria bem. Mas *agora* não estou bem". A sensação de *não* estarmos bem nos leva à necessidade de aprimoramento *agora*! E então entramos, de forma insegura, na roda do hamster e, como em todas as rodas de hamster, corremos, corremos e não chegamos a lugar nenhum. Ao contrário disso, pratique a atitude de *não se esforçar tanto*.

Jon Kabat-Zinn (2013) destaca que o esforço pode ser um verdadeiro obstáculo na meditação porque o único objetivo dela é você simplesmente ser como é agora. Quando conseguimos alcançar nossa presença plena no presente e nos aceitamos como somos no aqui e agora, percorremos um longo caminho para minimizar o estresse e a ansiedade, principais elementos da reatividade. Portanto, seja disciplinado em suas práticas... e relaxe.

Abandonar o esforço exacerbado (que se direciona a algum estado futuro) nos torna mais presentes para o que está de fato acontecendo. Isso não significa deixar de nos esforçar ou de nos entregar à prática, à parentalidade ou à vida. Significa que devemos estar presentes e partir para a ação sem nos preocupar com o resultado. É terapêutico e restaurador que às vezes abandonemos nossa agenda de compromissos e apenas deixemos a vida rolar. Nossos filhos também progridem quando, em vez de levá-los sem parar de um lugar a outro, damos espaço para que sejam eles mesmos.

Não se esforçar não significa inação, mas sim levar as coisas com leveza. Todos temos metas e aspirações, mas podemos abrandar nosso controle sobre elas? Para dar um exemplo simples: você pode aspirar a que seu filho vá para a faculdade – uma meta maravilhosa e benéfica. Mas, caso o pressione demais, poderá gerar uma ansiedade debilitante nele. A mentalidade de não exagerarmos nos esforços significa conduzir nossas aspirações com calma, sabendo que as coisas já estão bem como estão e que conseguiremos lidar com tudo que acontecer.

Mirar no bom o suficiente

No âmbito parental, o não esforço nos leva à ideia da "parentalidade boa o suficiente", um conceito do pediatra e psicanalista inglês D. W. Winnicott (1973). A ideia básica é relaxar um pouco, porque ao longo do caminho acontecerão coisas erradas, e nossos filhos enfrentarão dificuldades aqui e ali, o que não significa o fim do mundo. Na verdade, isso os ajudará no desenvolvimento da resiliência.

A parentalidade boa o suficiente afirma que não precisamos nos esforçar para sermos pais, mães ou responsáveis perfeitos e que não devemos esperar perfeição de nossos filhos. Problemas acontecem em todas as famílias, e não ajuda reagir com culpa, vergonha e críticas severas. As imperfeições em todos os seres humanos são inevitáveis, sobretudo nas crianças, você se lembra disso? Somos capazes de esperar que nossos filhos cometam erros? Conseguimos abandonar nosso próprio esforço em busca da perfeição?

Ocorre que, quando nos permitimos ser humanos e modelamos a cura em nossos relacionamentos, servimos de exemplos para nossos filhos. As crianças precisam nos ver errar, corrigir e ainda assim nos valorizar para que aprendam a fazer o mesmo com elas próprias.

BONDADE DE DENTRO PARA FORA

Cultivar a bondade amorosa e a consciência da voz interior pode ter um impacto profundo e duradouro no relacionamento entre pais e filhos. E, como você é a metade dele, precisa assumir sua responsabilidade. O processo de transformar crítica e julgamento severo em empatia e aceitação da sua humanidade se traduz em mais empatia e aceitação dos outros. Quem você é interiormente conta muito em termos de quem você deseja que seu filho seja.

Conforme você pratica a meditação sentada, as outras serão mais fáceis. Cultivar mais a consciência do que está acontecendo no aqui e agora (em vez de ficar apegando-se a histórias ou pensamentos) constitui a base de todas as mudanças significativas – porque, se você não conseguir ver isso, não conseguirá fazer uma escolha diferente. Fomentar a consciência da voz crítica interior talvez soe desconfortável e desanimador no início, mas não desista. Todos temos de enfrentar o viés da negatividade. O fato de estar ciente disso servirá para você *não agir* a partir dele.

Lembre-se: apenas *ler sobre o assunto não promoverá a mudança*, que se relaciona à prática. É bem possível que no início a bondade amorosa pareça boba e estranha, mas garanto-lhe que, além de ser uma prática poderosa, ela lhe trará benefícios duradouros e significativos. Incorporar a bondade na voz interior talvez seja a mudança crucial para o exercício de uma comunicação competente por meio das estratégias apresentadas na Parte II deste livro.

Nosso próximo capítulo é o último sobre o trabalho interior de vivermos o que queremos que nossos filhos aprendam. Em breve, você saberá lidar conscientemente com os sentimentos difíceis.

NESTA SEMANA, PRATIQUE...

- meditação sentada ou meditação de varredura corporal de cinco a dez minutos, quatro a seis dias por semana
- bondade amorosa, de quatro a seis dias por semana
- percepção da mente julgadora
- bondade, empatia e autocompaixão
- mantras para a paciência

CAPÍTULO 4

LIDAR COM SENTIMENTOS DIFÍCEIS

> *O impulso de evitar o desagradável leva à evitação; a evitação leva à aversão; a aversão leva ao medo; o medo leva ao ódio; o ódio leva à agressão. Involuntariamente, o instinto meganatural de evitar o desagradável vira a origem do ódio. Isso leva à guerra: guerra dentro, guerra fora.*
>
> STEPHEN COPE

Uma criança berrando ou fazendo birra pode desencadear em nós, pais, um tipo especial de dor. Aos dois anos, minha filha agia como todas as crianças quando estão no fim de seus limitados recursos: saía de órbita. E eu começava a sentir o intenso desejo de fuga. Parecia *insuportável*. Então, também acabava perdendo o controle. Com muitas experiências acumuladas, garanto-lhe que a birra da mamãe *não* é uma ferramenta eficaz na parentalidade, pois desperta sentimentos de melancolia e desconcerto. E esse é o tipo de confusão emocional que muitos de nós não antecipamos quando viramos pais.

Nos capítulos anteriores, abordamos algumas razões que nos desencadeiam reações exacerbadas e como a atenção plena e a autocompaixão podem curar antigas mágoas. Agora vamos conhecer os recursos aos quais você pode recorrer no dia a dia para lidar com sentimentos problemáticos em relação a si e, então, a seus filhos.

REAÇÕES HABITUAIS AOS SENTIMENTOS

Com frequência, gastamos muita energia tentando empurrar nossos sentimentos para baixo do tapete a fim não os sentirmos e servimos de exemplo para que nossos filhos façam a mesma coisa. Parece que esquecemos que *todos* temos sentimentos, e de *todos* os tipos – bons, ruins e feios. Reprimi-los é outro padrão emocional nocivo que as gerações anteriores nos transmitiram, contando a seguinte história: "Esses sentimentos me deixam desconfortável e com a sensação de ter errado. Não devo cultivá-los". Então, tentamos escondê-los, esquecendo que irão aflorar mais tarde com mais força do que nunca, e com frequência na hora menos conveniente.

Muitos de nós reagem à dor ou ao desconforto de duas formas: ou tentamos bloquear nossos sentimentos, ou somos inundados pelas emoções que tentamos reprimir.

- **Bloqueio:** tentamos interromper ou negar o desconforto por meio da negação dos nossos sentimentos, distraindo-nos ou automedicando-nos com comida, álcool ou drogas, atitudes ineficazes e prejudiciais à saúde. Isso ocorre porque a sensação de desconforto na verdade tem uma função: muitas vezes atua como um indício da necessidade de uma ação corretiva. Sem esse alerta, corremos o risco de magoar a nós mesmos ou a outras pessoas. E, é evidente, a automedicação gera inúmeros problemas para nossa saúde emocional e física, incluindo o vício.
- **Inundação emocional:** isso acontece quando os sentimentos nos sobrecarregam ou os pensamentos divagam demais, sobretudo ao nos afogarmos nos nossos medos e julgamentos ("Não aguento isso!"; "Como eles/eu conseguimos ser tão idiotas?", e por aí vai). A inundação emocional por medos e tristezas pode gerar uma sensação de desesperança e impotência, e a raiva – explosões e gritos – afasta os outros, gerando mais sentimentos negativos. As coisas só pioram.

═══════════════ **EXERCÍCIO** ═══════════════

Quais são suas reações habituais aos sentimentos?

Quando vivenciamos sentimentos que nos causam desconforto, nossas reações habituais podem variar desde acabar com um pacote de balas de goma em forma de minhoca até nos enfurecer com nossos filhos. Quais são suas reações mais comuns? A seguir, apresento algumas maneiras como as pessoas lidam com seus sentimentos. No diário "Criando bons humanos", redija as reações que percebe em você:

Bloqueio	Inundação emocional
Distrações: tempo de tela, mídia social	Sobrecarga
Alimentos, compras, álcool, drogas	Gritos, agressão
Vergonha	Impotência
Culpa	Desesperança

Depois de identificar as reações mais comuns, comece a percebê-las no cotidiano. Comporte-se como um cientista: aja movido pela curiosidade. Em seguida, determine um horário para praticar a não reatividade. Observe atentamente sensações que afloram. Observe também que é possível respirar e suportar esses sentimentos. Escreva sua experiência.

───────────────────────────────────────

Bloqueio e inundação emocional são as duas faces da mesma moeda, os extremos entre os quais oscilamos em vez de percorrer o meio-termo para *sentir* e processar conscientemente o aflorar das emoções. Se você vivencia bloqueios e inundações emocionais, é bem provável que sua família tenha modelado esse padrão nocivo e há grandes chances de você transmiti-lo aos seus filhos. O que fazer? Vejamos o meio-termo da expressão emocional saudável.

O MEIO-TERMO: ACEITAÇÃO CONSCIENTE

No meio-termo, você não se afasta de situações ou sentimentos problemáticos nem é subjugado por eles. Em vez disso, aprende a aceitar e a *sentir* as sensações provocadas pelas emoções, permitindo que elas passem no seu devido tempo.

Resistir fomenta a dor

Quando estamos chateados e, claro, não queremos nos sentir desse jeito, nossa reação instintiva é bloquear ou lutar contra esse sentimento. Desejamos evitar coisas desagradáveis. No entanto, é impossível que evitemos todas as dores da vida, e resistir a elas só agrava a situação. Esse comportamento humano é tão comum que os budistas criaram uma equação para representá-lo:

Dor x resistência = sofrimento

Lutar contra a realidade da dor a agrava – gera sofrimento. A equação também mostra a viabilidade de sentir dor sem sofrimento; eles não são a mesma coisa.

Digamos que você se sinta frustrado e com raiva do seu filho, o que lhe desperta um estado de mal-estar. Você tenta bloquear seus sentimentos, desencadeando uma eventual explosão, ou permite que venham com tudo, como uma inundação emocional, o que demandará muito mais tempo e espaço a eles do que o necessário. Resistir *acrescenta uma camada extra ao sofrimento,* o que compromete o discernimento e a reação consciente a ele. E as camadas extras de julgamento tornam mais provável que o conflito continue em ebulição sob a superfície. É a segunda flecha abordada no Capítulo 3.

Aceitar minimiza a dor

O psiquiatra e psicoterapeuta Carl Jung afirmou muito tempo atrás que "aquilo contra o qual você aponta sua resistência consegue permanecer e ainda crescer". Hoje resumimos essa citação em "Aquilo a que você resiste persiste", relativa à ineficácia de bloquear os sentimentos (Seltzer, 2016). A evitação leva ao sofrimento e nos afasta de uma vida plena. Gosto de pensar nos sentimentos como crianças: eles não nos darão paz até que de fato possamos vê-los e ouvi-los, ou seja, até reconhecer e aceitar as emoções mais complicadas.

Aceitar a realidade dos sentimentos dolorosos agilizará o caminho da cura. Por mais contraintuitivo que pareça, aceitar e continuar com o sentimento desconfortável de "preciso fugir daqui" ameniza com frequência o desconforto, que às vezes desaparece por completo. Pense nisso como o ato de chegar ao limite e, depois, suavizar. Se já praticou ioga, talvez já tenha vivido esta situação: chegar ao limite do desconforto e aí descansar. E você percebe o deslocamento do desconforto.

No entanto, o verbo "aceitar" inquieta. Sendo clara, aceitar não significa que você *goste* da emoção, mas que a reconhece como parte da sua vivência em um dado momento; significa que aceita a realidade. Também não significa que você é passivo e não toma atitudes que mudem as situações. Aceitar não significa dizer sim a todas as pessoas e circunstâncias externas. E não significa dizer sim às crenças limitadoras. Continue interrompendo e mudando pensamentos nocivos como "Não sou bom nisso" ou "Sou um péssimo pai" – trave uma boa batalha e aceite as emoções desagradáveis. Elas existem e exigem uma abordagem direta, afinal, aquilo a que você resiste persiste.

Reconhecer promove a aceitação

Um jeito simples para a aceitação dos sentimentos é a prática do reconhecimento, do Capítulo 1. Ao aflorar um sentimento desagradável, em vez de avançar para a próxima tarefa da lista de afazeres, bloqueá-lo com distração ou perder o controle, diga internamente *o que você sente*, e talvez seja invadido por uma sensação de alívio. No meu caso, se reconheço minha ansiedade, interrompo o que estou fazendo e digo a mim mesma: "Oi, ansiedade, estou vendo você aí", assim tenho um tempo para parar e sentir o que está acontecendo no meu corpo. Identificá-la evita que ela me controle e me dá o espaço de que preciso para respirar até que passe.

Uma observação: quando você praticar a aceitação das emoções, não tenha *a intenção de mudá-las*, pois isso será uma forma sutil de resistência que poderá manter as coisas emperradas. Assim como nossos filhos, as emoções não gostam de manipulação; querem ser plenamente vistas e ouvidas.

Sentir para se curar de forma radical

Uma aceitação consistente, isto é, um mergulho completo nas sensações, pode ser apenas a chave para a liberdade emocional. Luc Nicon, especialista francês em comportamento e comunicação, sugere que todos os nossos esforços mentais para controlar os sentimentos podem na verdade ser um tiro pela culatra (Bertelli, 2018). Segundo ele, quando imergimos por completo em nossos inputs sensoriais – sem respiração profunda ou outras técnicas de gerenciamento –, eles se dissipam e se dissolvem com mais facilidade. Nicon usa uma sigla em francês para denominar o que chama de método TIPI (Técnica de identificação sensorial dos medos inconscientes[13]). É uma prática incrivelmente simples; o exercício a seguir irá norteá-lo.

---

13 Em francês, *Technique d'identification sensorielle des peurs inconscientes*. (N. da T.)

PRÁTICA

TIPI

Para começar a regular padrões emocionais, você precisa reconhecer em plenitude as sensações físicas que os acompanham. De acordo com a técnica TIPI, não importa a causa do sentimento, mas sim que ele esteja presente. Não tente entendê-lo ou controlá-lo. Não o culpe.

Siga estes passos sempre que uma emoção aflorar:

1. Feche os olhos.
2. Preste atenção a duas ou três sensações físicas corporais (rigidez ou aperto na garganta ou no peito etc.). Rotule-a(s) mentalmente ou observe-a(s) para manter a mente no aqui e agora.
3. Deixe essas sensações evoluírem, continuando sempre a notá-las. Permita uma respiração superficial, se assim a sensação naturalmente evoluir.
4. Observe com curiosidade, sem interferência ou tentativa de entender ou controlar o processo. Limite-se a observar as sensações até que o corpo restaure um estado de calma. (Sim, é mais fácil falar do que fazer.)

Abra os olhos. Não há um tempo preestabelecido para a duração dessa prática.

Recorra à TIPI diariamente, conforme as emoções afloram, durante uma ou duas semanas para testar essa prática. Como um cientista se autoconhecendo, registre os efeitos no diário "Criando bons humanos".

Quando ouvi falar da TIPI, adotei uma postura de ceticismo. Então, depois de testá-la, eu me surpreendi por sua simplicidade e eficácia. Ao me afastar de meus pensamentos e de minhas histórias e imergir por completo em meu corpo, descobri que ele estava aberto à cura. A mente pode comprometer a cura de sentimentos complicados; os pensamentos talvez resistam à total aceitação e imersão exigidas pela cura.

No livro *Radical Acceptance* (2003)[14], Tara Brach, psicóloga clínica e professora no Insight Meditation Community de Washington, D.C., compartilha outra maneira de vivenciarmos o poder da aceitação. Ela nos convida à prática do dizer sim a todos os sentimentos. Se nossa resistência for um não mental, o sim pode atuar como um antídoto eficaz. Tente você mesmo:

EXERCÍCIO

Vivenciando o sim versus o não

Sente-se em um lugar confortável. Lembre-se de uma emoção a que está resistindo. Certifique-se de que ela não seja traumática. Fique atento a sua garganta, tórax e estômago. Observe como o corpo sente a emoção.

Agora comece a dizer *não* a esse sentimento. Repita a palavra por mais ou menos um minuto. Observe como seu corpo sente o *não*. Faça algumas respirações profundas.

Então comece a dizer *sim* ao sentimento. Repita a palavra por cerca de um minuto. Observe como seu corpo sente o *sim*.

Faça anotações comparando as duas experiências.

Quando você fizer o exercício "Vivenciando o sim *versus* o não", é bem provável que descubra duas coisas: o *não* fomenta a tensão corporal, enquanto o *sim* a suaviza, abrindo espaço para que aceite os

---

14 No Brasil, publicado com o título *Aceitação radical: como despertar o amor que cura o medo e a vergonha dentro de nós*. (N.T.)

sentimentos. Assim como durante o parto relaxar o corpo ajuda a aliviar a dor, relaxar a resistência ajudará a aliviar a dor dos sentimentos mais problemáticos. Além disso, você estará modelando reações emocionais saudáveis para seu filho. É um negócio do tipo dois por um!

Estar consciente das origens da resistência

Ainda que essas palavras sobre aceitação talvez soem como uma mensagem de verdade interior, às vezes é muito difícil que nos permitamos sentir sentimentos desagradáveis. Para aqueles que sofreram algum nível de abuso emocional durante sua criação familiar, os penosos sentimentos de raiva, ansiedade, sofrimento, remorso, vergonha, tristeza e muito mais podem parecer *inaceitáveis*. Talvez nos tenham dito: "Não chore", ou "Fique no seu quarto até que esteja de bom humor", ou "Vou te dar um motivo para chorar", ou "Não seja *tão sensível*". E essas mensagens nocivas se transformam em uma voz crítica em nossa cabeça, impossibilitando-nos de efetuar o trabalho mais profundo de cura.

O único jeito de expulsarmos nossos sentimentos problemáticos é *por meio deles*. Precisamos sentir plenamente nossos sentimentos para processá-los de maneira saudável, caso contrário, nossas emoções ficam reprimidas e criam problemas se manifestadas de modo prejudicial. Portanto, concedo-lhe permissão para *sentir todas as sensações*. Una-se à confraria daqueles que as sentem com plenitude e não se permita ser dominado por elas. Praticar a aceitação das emoções, seja por meio da TIPI, seja por meio do dizer sim, já é um excelente começo.

No entanto, talvez seja difícil "sentir todas as emoções" e às vezes nem mesmo seja mesmo apropriado! A maioria de nós consegue, de modo consciente e intencional, sentir as emoções complicadas e desconfortáveis para liberá-las de maneira saudável. Mas como nos permitimos sentir nas ocasiões em que as expressar não é seguro? Aqui estão duas diretrizes úteis:

- **Verifique o ambiente.** É sempre bom ter certeza de que se está em um lugar seguro, calmo e estável antes de começar a

processar sentimentos mais complicados. Se sentir que pode fechar os olhos, é provável que esteja em um espaço aceitável.
- **Obtenha ajuda.** Os sentimentos que estão aflorando são traumáticos e atuam como gatilhos? Ou seja, pensar em certos eventos e sentimentos pode deixá-lo fora de controle ou em uma situação pior? Nesse caso, sugiro que procure o apoio de um terapeuta para auxiliá-lo a processar essas emoções traumáticas. Encontrar ajuda para curar antigas mágoas intensas e gatilhos nocivos abrirá o caminho para um contato consciente com uma gama mais variada de sentimentos, incluindo os desconfortáveis que afloram na parentalidade.

RAIN: uma trilha consciente por meio de sentimentos problemáticos

O acrônimo RAIN o auxilia a se lembrar do caminho consciente para lidar com emoções difíceis:

Reconhecer
Aceitar
Investigar
Nutrir

Como funciona? Vamos descobrir!

Reconhecer

O caminho consciente por meio das emoções complicadas principia quando *reconhecemos* uma emoção e a rotulamos. É ansiedade, medo, impotência, opressão, tristeza, sofrimento, frustração, vergonha ou outra? Para reconhecer a emoção, nomeie-a mentalmente: "ansiedade" (ou seja lá o que for). Assim que a nomear, coloque a parte verbal do cérebro no córtex pré-frontal de volta ao on-line. O reconhecimento nos leva a um passo fundamental para não bloquearmos os sentimentos e para a realidade da situação no aqui e agora.

Quando reconhecer o sentimento, diga a si mesmo: "Estou *sentindo* _____", em vez de "*Estou* _____". Por exemplo, "Estou me sentindo frustrado", e não "Estou frustrado". Isso ajuda a interromper nossa identificação com esse sentimento, proporcionando-nos um pouco mais de tempo para sairmos de uma situação difícil. Permita-se um pouco de objetividade também com suas emoções.

Aceitar

Depois de reconhecido o sentimento, o próximo passo recai na falta de ação: aceite-o. Pense nisso como a prática de aceitação da qual já falamos. Como conseguir? Há muitos caminhos, como recorrer à prática "Vivenciando o sim *versus* o não" se você se identificar com ela.

Aprendi outro caminho com o mestre zen Thich Nhat Hanh, que diz para nos imaginarmos segurando os sentimentos complicados nos braços, como se fossem um bebezinho. Então podemos dizer: "Está tudo bem que você esteja aqui, _____ (nomeie a emoção). Estou aqui por você. Vou cuidar de você". Essa prática pode soar meio boba no início, mas descobri que é uma maneira profunda e intensa de chegar a um lugar de aceitação, sobretudo com os gatilhos emocionais disparados por minhas filhas.

Investigar

Depois, *investigamos*, gentil e conscientemente, por que esse sentimento aflorou. Quando não afastamos para longe nossos sentimentos ou chafurdamos neles, encontramos espaço para a curiosidade. Tente o seguinte: imagine que você é um alienígena enviado para tomar seu corpo e, a seguir, fica curioso sobre o que sente. O que essa raiva/ansiedade/tristeza de fato fazem seu corpo sentir?

Em que parte sente mais? Em vez de se integrar à cascata dos pensamentos, tente vê-las de fora. Que pensamentos afloram? De onde vêm? São verdadeiros? Estão ajudando na situação?

Você colocou a prática de atenção plena em ação. Seja curioso e mantenha-a. Não fuja do pensamento. Com gentileza, veja o que aflora.

Nutrir

Por fim, dedique um tempo para explorar com curiosidade os elementos de que esse sentimento precisa para nutrir-se. Como o fazer com compaixão? Nesta etapa da RAIN, Tara Brach, professora de meditação, nos ensina a manter o coração na mão[15] e vivenciar mensagens que ajudem a tranquilizar aquela nossa parte assustada e dolorida.

Tente dizer a si mesmo: "Está tudo bem", "Não é sua culpa", "Você não está sozinho.", "Confie na bondade". Às vezes, é útil levar ao coração uma figura de amor incondicional em sua vida, quer seja espiritual, quer seja um animal de estimação, que poderá aliviar a mágoa.

RAIN pode ajudá-lo a se mover *por meio* das emoções, processando-as com consciência, sem bloqueios ou inundações emocionais. Essa prática ficará mais fácil com o tempo, auxiliando-o em uma recuperação mais rápida e na conquista de mais equanimidade. Vamos tentar.

===== PRÁTICA =====

Meditação RAIN

RAIN implica reconhecer, aceitar, investigar e nutrir com compaixão. Acomode-se em um lugar confortável e seguro para relaxar. Depois, siga as orientações apresentadas a seguir ou recorra ao áudio disponível em http://www.raisinggoodhumansbook.com.

---

15 A expressão "coração na mão" é um símbolo de caridade facilmente reconhecido nos Estados Unidos. (N. da T.)

Com os olhos fechados e a coluna ereta, respire fundo e solte um suspiro. Repita. Sinta a inspiração percorrendo o caminho. Sinta a expiração fluindo. Permita que seus músculos relaxem e se acomodem à medida que você exala.

Lembre-se de uma ocasião recente em que vivenciou uma emoção difícil, sem que tenha sido traumática. Ao recordar o fato e os sentimentos mais complicados, deixe que a cena percorra sua mente como um vídeo. Transporte-se para o lugar onde você mais sente a emoção desafiadora.

A primeira etapa nesta meditação é **reconhecer** a emoção e as formas que ela assume. Com curiosidade, sinta como a emoção o está afetando. Observe onde você a sente no corpo. Mantenha a respiração fluindo para dentro e para fora. Observe como a emoção se manifesta na barriga, no tórax, nos ombros, nos braços e nas mãos, no maxilar e no rosto. Reconheça esse estado sem bloqueio ou afastamento. Responda em silêncio a esta pergunta: como nomeio esta emoção? Não julgue; apenas se mantenha curioso e ciente da sua inspiração e expiração.

A etapa seguinte é **aceitar**. Imagine-se embalando essa emoção nos braços como um bebê, dizendo a ela: "Está tudo bem. Está tudo bem que você esteja aqui. Vou cuidar de você", e vá repetindo. Pratique para aceitar aquela difícil e abraçá-la. Continue embalando-a nos braços como um bebê. Continue dizendo: "Está tudo bem. Está tudo bem que você esteja aqui. Vou cuidar de você". Diga sim às que aflorarem.

A terceira etapa é **investigar** a natureza dos sentimentos. Seja curioso. Pergunte de modo suave: "De onde você veio?". Mantenha-se curioso também quanto aos pensamentos que surgirem. Quais são eles? De onde vêm? São verdadeiros? São úteis? O que aconteceu em seu corpo e em sua respiração no momento que aflorou seu sentimento difícil? Investigue-o para compreendê-lo melhor.

Quando se sentir pronto, passe para a etapa final da meditação RAIN: **nutrir** com compaixão. A autocompaixão aflora naturalmente ao reconhecermos nosso sofrimento. Para fazer isso, tente sentir os elementos de que mais precisa o lugar ferido, assustado ou dolorido dentro de você; a seguir dedique-se a mensagens nutritivas. Precisa de palavras de conforto? De perdão? De camaradagem? De amor? Tente identificar qual gesto intencional de bondade o conforta mais. Ofereça-o: "Estou aqui com você", "Desculpe-me; amo você", "Não é sua culpa", "Confie na bondade".

Coloque delicadamente a mão no coração ou no rosto; tente imaginar uma luz quente e radiante envolvendo-o. Se encontrar dificuldade em oferecer amor a si mesmo, recorde-se de uma figura amorosa – espiritual, membro da família, amigo ou animal de estimação – e imagine o amor fluindo para você.

Quando estiver pronto, concentre-se de novo na respiração. Sinta a inspiração. Sinta a expiração. Em seguida, expanda sua consciência para perceber sensações corporais, sons e a temperatura do local em que se encontra.

Depois de concluída a meditação, movimente-se lentamente e observe como se sente. Reserve um tempo para escrever suas reflexões no diário "Criando bons humanos": como reagiu à RAIN? Ela o ajudou? Que etapas foram difíceis e por quê?

RAIN não é uma "panaceia", mas uma ferramenta para a vida. Praticá-la irá ajudá-lo a gerenciar as dificuldades inevitáveis e, com o tempo, recuperar-se com mais facilidade.

Lidar com nossos sentimentos difíceis de maneira regular talvez seja uma das práticas mais relevantes deste livro, então, por favor, *não se limite a somente ler esta seção sem recorrer à prática*! Está nela o poder de transformar o relacionamento mais importante de sua vida: aquele que mantém consigo mesmo.

Mesmo que no início seja desconfortável (caramba, queremos evitar o desconforto!), apelo a você que a pratique. Afinal, constitui um ato de bravura sentar-se com sua sombra – os sentimentos difíceis que preferiria despachar. Mas, ao fazê-lo, acabará descobrindo um tipo de liberdade lá do outro lado; não estará aprisionado em suas emoções mais complicadas. Sabendo que existe a seu dispor um processo para lidar com elas, conseguirá se mover pelo mundo com mais confiança.

Conforme começarmos a lidar de modo mais saudável com nossos sentimentos difíceis, nossos filhos também perceberão (lembre-se de viver o que deseja que seus filhos aprendam). Ao praticarmos o cuidado com nossos próprios sentimentos, nossas crianças aprenderão conosco essa saudável reação.

Agora que você já dispõe de algumas ferramentas para lidar com os sentimentos difíceis, vamos saber como ajudar seu filho nesse sentido.

AJUDAR AS CRIANÇAS NOS SENTIMENTOS COMPLICADOS

Ao navegar pela mídia social pouco tempo atrás, vi uma foto de um pai celebridade acompanhado de outros adultos em um círculo em torno da filha em idade pré-escolar. Ela estava no chão, esperneando e visivelmente abalada. Na verdade, ele compartilhou como todos ali aceitavam aquela birra e se postavam ao redor da criança para mantê-la segura. Sim, ela esperneava no chão imundo de um lugar público. Sim, estranhos embasbacavam diante da cena e julgavam. Mas, em vez de ceder à pressão social, o pai sabiamente dera à filha espaço para liberar as emoções.

Embora tenha esquecido o nome do famoso, lembro-me da gratidão que senti em razão da mensagem poderosa da foto: *sem problemas com crianças que choram.*

Esperar e aceitar emoções intensas

Assim como os adultos vivem uma inundação emocional, também as crianças são afetadas por ela. Na verdade, em razão de o córtex pré-frontal não se desenvolver por completo até os vinte e poucos anos, as crianças são mais propensas a vivenciar intensas emoções. É inevitável, e como pais precisamos *esperá-las* e aceitá-las. Quando nossas crianças bloqueiam e reprimem as emoções, estas aflorarão de maneiras potencialmente destrutivas, como explodir com irmãos. Concordemos: não queremos isso. Portanto, ao aceitar nossas emoções, devemos aceitá-las em nossos filhos e ajudá-los a aceitarem as deles também.

Sim, bem, concordamos que não queremos transmitir aos nossos filhos a repressão que vivenciamos, mas será que *de fato* nos sentimos bem diante da raiva ou da tristeza deles? Quase sempre as intensas emoções das nossas crianças nos perturbam tanto que nosso instinto é "corrigi-las" bem rápido. Então, procuramos distraí-las com brinquedos ou telas. Dizemos: "Não chore", ou "Você está bem". Quando praticamos aceitar e permitir que as crianças manifestem sentimentos difíceis, em vez de "corrigi-los", isso muda nosso *modus operandi*. Então, trabalhamos em lidar com nosso desconforto – afinal, não há nada para mudar ou corrigir na criança.

Qual o significado disso? Qual o sentido de não corrigir? Lembre-se do exemplo do pai famoso deixando a filha fazer birra (com segurança) em um lugar público. Portanto, isso significa não trancar o filho no quarto quando ele está chorando. Significa interromper as compras no supermercado e sair com a criança para que manifeste sua decepção por não conseguir os doces que desejava. Significa lembrar ao seu filho: "Tudo bem em sentir raiva" e "Tudo bem em se sentir triste".

Isso lhe soa um conselho estranho de parentalidade? Na verdade, a expressão emocional é saudável. Assim como nós, adultos, nossos filhos precisam senti-las para curá-las e talvez recorram à fala, ao grito ou ao choro. Quando esperamos por essas emoções intensas e inevitáveis, não sofremos a dor que vem da reação instintiva de negar essa expressão saudável. O pensamento *eles não deveriam sentir isso* se assemelha a uma segunda flecha que cria muito do nosso sofrimento e dos sofrimentos de nossos filhos.

Chorar não é uma coisa negativa

Muitos pais fazem de tudo para os filhos pararem de chorar: repreendem, subornam, imploram, mandam-nos para o quarto. Mas as crianças precisam chorar, às vezes, chorar muito. Como mãe que achou muito difícil ouvir o choro da filha, afirmo que a aceitação dessa realidade facilitará o trajeto. O choro da minha menina em geral despertava em mim o desejo de sumir, até perceber que era um trabalho meu, e não um problema dela. Passado algum tempo, entendi que, se deixarmos os sentimentos fluírem e se libertarem, minimizaremos muito as dificuldades.

Não diga às crianças para não chorarem. O choro significa uma liberação catártica, e, quando termina, elas se sentem melhor. Frases dirigidas a meninos, por exemplo, "Não se comporte como um filhinho da mamãe", ou "Seja homem", podem soar quase inofensivas, mas dizem a eles que não podem manifestar seus sentimentos, que precisam ser fortes e reprimir as emoções, o que afeta o desenvolvimento emocional saudável. Permita-se liberar sentimentos por meio das lágrimas e exemplifique a normalidade do choro sem se desculpar. Ensine a meninos e meninas que o choro é um processo saudável que nos ajuda a sentir bem.

Aceitar as emoções; estabelecer limites comportamentais

Quase sempre é mais fácil aceitar o choro do que a raiva, que geralmente eclode em um comportamento agressivo. No entanto, aceitar a raiva significa aceitar um comportamento destrutivo ou nocivo? Não. Conseguimos praticar a aceitação das emoções, mas também conseguimos (e devemos) prevenir um comportamento violento. E somos capazes de servir de exemplo e ensinar maneiras mais saudáveis de manifestar a energia da raiva.

Converse com seu filho sobre modos preventivos de lidar com a raiva fora do momento de perturbação. Ofereça-lhe um cobertor especial ou um brinquedo macio, um canto onde ele se acomode para desenhar ou rasgar papel, ou permita-lhe pular em uma pequena cama elástica. Mas lembre-se de que você saber lidar com sua raiva é a prática mais eficaz. Se gritar e sair de órbita, como vai esperar alguma coisa diferente do seu filho?

Ferramentas para ajudar crianças com emoções exacerbadas

Depois de incorporarmos a crença vital de que todos os sentimentos são aceitáveis, podemos nos tornar assistentes e coaches, exemplificando para nossos filhos como lidar com os próprios sentimentos mais exacerbados. Quando eles afloram, o primeiro passo é nos focarmos e percebermos as emoções e as velhas histórias que os desencadearam. Devemos nos perguntar: "Consigo ajudar meu filho agora? Preciso antes me acalmar e reduzir minha reatividade?".

Se você estiver em um lugar relativamente saudável e seguro, poderá ser um bom assistente para seu filho. Lembre-se: é melhor fazer uma pausa do que perder o controle.

Tolerar as birras

Birras são o jeito de as crianças manifestarem frustração. Se seu filho está imerso em um completo escândalo, lembre-se de ajudá-lo estando presente, mantendo-o seguro e impedindo-o de ferir pessoas ou danificar objetos. Sem dúvida, será um desafio, pois as birras podem disparar gatilhos. Recorra às ferramentas discutidas no Capítulo 2 para lidar consigo e acalmar seus próprios gatilhos.

Caso você consiga se fazer presente, pratique o aterramento, respirando e aceitando a exacerbação da criança. Desse modo, transmitirá a ela algumas mensagens maravilhosas. Diga-lhe: "Estou vendo e escutando você. Está tudo bem neste momento. Estou aqui por você. Você está seguro". Quando seu filho se sentir seguro e não desamparado, esses sentimentos passarão com mais rapidez e ele perceberá a frase de amor *incondicional*: "Amo você, e não há problema em se sentir assim". A presença silenciosa é uma reação convincente.

Assim que a birra acabar, apoie seu filho: abraços, aconchegos, carinhos nas costas. Esses gestos afetuosos permitirão a ele que internalize as mensagens de segurança e integridade, ajudando-o a dar a volta por cima com mais rapidez.

Faça o exercício a seguir quando seu filho estiver em um momento de birra. Leia-o com atenção para se lembrar do que fazer na hora H. Se quiser, anote o básico em um cartãozinho para mantê-lo como um lembrete.

PRÁTICA

Estar no aqui e agora durante uma birra

Permanecer no aqui e agora durante uma birra é um trabalho complicado, mas que trará muitos benefícios recompensadores para o relacionamento pais e filho, mostrando à criança que você a ama incondicionalmente. Veja como agir:

Não mande seu filho para o quarto nem o isole. Em vez disso, permaneça com ele. Aproxime-se o quanto se sentir confortável, mantendo a criança segura e afastando dela objetos e outras pessoas. Sente-se ou abaixe-se para ficar ao nível do seu filho.

Observe como você se sente e no que pensa. Está começando a ficar tenso? Se sim, respire profunda e lentamente com exalações longas para acalmar sua reação ao estresse. Tem vontade de fugir? Se conseguir, mantenha-se firme e observe com curiosidade sentimentos. Reconheça-os e concentre sua atenção na respiração lenta e calma. Talvez note constrangimento (especialmente se estiver em público) ou raiva aflorarem. Reconheça esses sentimentos e concentre-se de novo em ficar com seu filho e respirar profunda e lentamente. Pratique relaxar o corpo.

Diga a si mesmo: "Estou ajudando meu filho", para que o sistema nervoso não veja a criança como uma ameaça. Não se pressione para encontrar as palavras certas. Lembre-se: basta estar presente. À medida que pratica a não reação neste desafiador momento, está construindo competência para agir do mesmo modo no futuro. Lembre-se do que diz ao seu filho: "Estou vendo e escutando você. Está tudo bem neste momento. Estou aqui por você, não importa o que aconteça. Você está seguro".

Com o apaziguamento da birra, aproxime-se mais do seu filho e o abrace. Aja sem pressa. Movimente-se lentamente e dê tempo para a recuperação.

Observe que estar no aqui e agora durante uma birra pode mudar a reação da criança e abreviar o tempo do "chilique". Quando você conseguir posicionar-se conscientemente diante de um momento assim, parabenize-se! É difícil e representa uma excelente vitória da parentalidade. O simples fato de enfrentar essa expressão emocional exacerbada é um grande passo na cura de vocês dois.

Conte uma história

Quando acontece alguma coisa assustadora e desconcertante, as crianças quase sempre precisam de ajuda para processar as emoções que inundaram o cérebro delas. Um modo de trazer o córtex pré-frontal – lar de nossas competências de processamento verbal – on-line é contar a história do que aconteceu. Em *Parenting from the Inside Out* (2014), Daniel Siegel e Mary Hartzell propõem a narrativa como uma ferramenta para integrar todo o cérebro. Contar a seu filho a história de uma experiência pode ajudá-lo a processar os eventos e as emoções que está sentindo de maneira saudável.

Vivenciei o poder de contar histórias quando estava de férias com minhas filhas. Havíamos chegado recentemente à casa dos meus pais depois de um passeio de carro de seis horas e então soubemos que meu avô tinha sofrido uma queda. Meus pais precisaram sair rápido para socorrê-lo. De repente, meu marido, minhas filhas e eu nos vimos sozinhos na casa. Os planos mudavam a cada hora, conforme nos atualizavam sobre a saúde do meu avô.

Minha filha mais velha, com nove anos na época, tornou-se emocionalmente instável; irritada diante da constante mudança de planos, começou a chorar. Entrou no chuveiro aos prantos, em soluços que só aumentavam de som. Quando ela saiu do banheiro ainda chorando, eu envolvi com a toalha seu corpo molhado e comecei a lhe contar a história de nossas férias sob o ponto de vista dela, começando pela nossa saída de casa. Contei toda a história até aquele momento, acrescentando detalhes e sentimentos.

Meu marido e eu nos surpreendemos ao vê-la se acalmar. Minha filha ouviu empolgada toda a história. E isso de fato a ajudou: parou de chorar e conseguiu seguir em frente.

Se o seu filho não está no auge da raiva ou da birra, contar histórias é uma ferramenta poderosa para ajudá-lo a processar o evento. Você mesmo a conta ou pede ao seu filho que o faça. As crianças quase sempre conseguem contar e recontar a história de uma experiência que precisam processar. Ouça-o com atenção plena. Você também pode contar a história usando fantoches, bonecos ou bichos de pelúcia para interpretar os comportamentos e os sentimentos, como os terapeutas infantis às vezes fazem. Contar histórias ajuda as crianças a seguir em frente de maneira saudável e equilibrada.

LIDAR COM SENTIMENTOS DIFÍCEIS

Emoções exacerbadas como raiva, medo e melancolia são inevitáveis na vida de pais e filhos. Quanto mais aceitamos nossos sentimentos, com mais facilidade os deixamos passar, evitando o sofrimento resultante da resistência. Apenas fugir deles talvez seja uma herança cultural e familiar, mas *podemos* mudar esse padrão com o tempo. Quando nos tornamos capazes de reconhecer, aceitar, investigar e nutrir com atenção plena nossos sentimentos mais exacerbados, viramos uma presença fundamental para nossos filhos nos momentos de necessidade.

Observando as dificuldades mundiais, parece-me que a maioria vem do fato de as pessoas não conseguirem lidar com sentimentos mais complicados. Cabe a nós reverter esse padrão em nossa família, mudando as coisas para as gerações seguintes.

Nos próximos capítulos, você conhecerá uma comunicação mais eficaz com seus filhos, saberá como se expressar oralmente para cultivar a cooperação e como o que diz pode afetar a interação. Conforme avançarmos, lembre-se de que a prática da atenção plena é a base para a mudança de dentro para fora. Continue a praticá-la e a fomentar a autoconsciência e a capacidade de estar verdadeiramente no aqui e agora com seus filhos.

NESTA SEMANA, PRATIQUE...

- meditação sentada ou meditação de escaneamento corporal de cinco a dez minutos, quatro a seis dias por semana
- bondade amorosa, de quatro a seis dias por semana
- TIPI
- meditação RAIN
- vivência do sim *versus* o não
- presença no aqui e agora durante uma birra (se aplicável!)

PARTE II

crie filhos bondosos e confiantes

CAPÍTULO 5

OUVIR PARA AJUDAR E CURAR

> *Ao falar, você apenas repete o que já sabe, mas,*
> *ao ouvir, talvez possa aprender alguma coisa.*
>
> DALAI LAMA

Justamente quando eu começava a me acomodar para escrever estas páginas, minha filha, então desesperada, irrompeu na sala: "Mamãe! Eu disse a ela, mas ela não vai fazer a casa do jeito certo! E aí ela pegou as peças!".

Ah, caramba! Lá vamos nós. Minha resposta poderia maximizar ou minimizar a agitação do momento. Se eu escolhesse palavras inadequadas, enviaria de modo involuntário mensagens comprometedoras; se eu encontrasse palavras apropriadas, acabaria indo em direção ao indescritível Santo Graal da parentalidade – onde minha filha conseguiria autocontrolar as emoções difíceis.

E o que eu disse? Sem dúvida, essa é uma pergunta espinhosa. Mesmo a atenção plena atuando como o alicerce que nos ajuda na ponderação, isso não é o bastante. A seleção de palavras impacta *de modo significativo* nosso cotidiano parental. Portanto, queremos estar conscientes do que dizemos, sem apenas repetir as mesmas velhas falas que ouvíamos quando crianças, ou seja, sem recorrer a padrões geracionais nocivos e transmiti-los. Este capítulo nos apresenta como uma segunda asa que nos ajuda a voar: a comunicação competente.

É fácil agir nos momentos felizes, mas nem tanto enfrentar os problemas de alguém. Os conflitos nos relacionamentos resultam do fato de cada parte tentar atender às próprias necessidades. O jeito como nossos filhos atendem às necessidades deles interfere na maneira como atendemos às nossas, e vice-versa. Por exemplo, às vezes a criança pode estar com um problema que não me incomoda, e às vezes o oposto é verdadeiro. Portanto, antes de respondermos à questão "O que eu digo?", precisamos saber de quem é o problema. Este é um trabalho que envolve a atenção plena que você já vem praticando.

A ATENÇÃO PLENA NA ABORDAGEM DE PROBLEMAS

Você deve estar pensando que *parece ótimo usar a atenção plena nos momentos desafiadores, mas minha filha está atormentando a irmã caçula! Como a mente de principiante e a empatia ajudam?* Na verdade, problemas e conflitos são ideais para a prática da curiosidade e da empatia. Quase sempre, encaramos essas situações com noções preconcebidas sobre o culpado, isto é, tendemos a olhar apenas para os aspectos comportamentais errados de uma criança. No entanto, fazer menos pressuposições ajuda mesmo. Você resolverá problemas mais eficaz e compassivamente quando compreender que as crianças apenas tentam atender às próprias necessidades (em geral de modo meio desajeitado e imaturo, mas não é essa a definição de ser criança?).

Nesta semana, se houver momentos conflituosos entre você e seu filho, faça-se duas perguntas:

- Que *necessidades* meu filho está tentando atender?
- Quem é o *detentor* desse problema?

Por exemplo, quando seu filho larga a mochila no meio da sala, *você* é o detentor do problema, não ele, pois *sua* necessidade de desfrutar uma casa arrumada não está sendo atendida. Outras vezes, seu filho tem um problema – por exemplo, uma discussão com um amigo na escola – que não é problema para você. Embora o argumento dele não afete muito a vida parental, a necessidade de interação e amizade do seu filho não está sendo atendida. Portanto, comece a perceber quem não está tendo necessidades atendidas.

As palavras a seguir talvez sejam desafiadoras e libertadoras ao mesmo tempo. Preparado?
Você não tem de resolver ou dar um jeito em todos os problemas do seu filho.
O quê!? Não é esse o significado de sermos "bons" pais? Não. Se você assumir para si e resolver todos os problemas da criança, nunca lhe dará a oportunidade de encontrar sozinha as soluções, em outras palavras, estará dando a ela um voto de falta de confiança.

Quando as crianças ainda são bebezinhos indefesos, é natural que nos empenhemos para resolver todos os seus problemas. No entanto, nosso papel muda conforme elas crescem, e passamos a orientá-las e *ajudá-las* na resolução dos problemas. Logo você conhecerá as competências comunicativas que o auxiliarão nesse sentido. Por ora, trabalhe para evitar a mentalidade de que precisa resolver todos os problemas da criança.

Comece perguntando-se: de quem é o problema? Se for do seu filho, pense em você como *assistente*, e não como detentor de todas as soluções. Agir assim é libertador, pois, sinceramente, você nem sequer tem todas as respostas. Tire esse peso dos ombros!

=== PRÁTICA ===

De quem é o problema?

Pratique desacelerar o ritmo e parar um pouco antes de reagir. Pergunte-se: de quem é o problema?

Se for da sua criança, pense em você como um assistente empático, não um solucionador de problemas. Do que seu filho está precisando? Como pode ajudá-lo a atender melhor as próprias necessidades? Traga a mente do principiante (do Capítulo 1) e a curiosidade para a situação; não julgue.

Quando conseguimos encarar os conflitos sem julgamento, reagimos de modo mais ponderado. Se vejo que minha filha (não eu) tem um problema, busco uma sensação de distanciamento e objetividade sobre a situação, o que atenua minha resposta.

Talvez seja desafiador deixar seus filhos "assumirem" os próprios problemas e recuarem um pouco, mas é muito importante. Julie Lythcott-Haims, escritora do livro *How to Raise an Adult*[16] (2015, p. 89), compartilha os problemas de se empenhar exageradamente pelos filhos com alguns resultados de pesquisa impressionantes: "Os alunos filhos de pais-helicóptero[17] eram menos abertos a novas ideias e ações e mais vulneráveis, ansiosos e inseguros. Um aluno com pais 'planadores' ou 'helicópteros' tem mais probabilidade de ser medicado para ansiedade e/ou depressão". Portanto, é bem possível que o empenho exacerbado por nossos filhos tenha consequências desastrosas.

Como pai, mãe ou responsável, provavelmente você sofra pressão social, pressão dos colegas ou até mesmo influência familiar para se certificar de que seu filho não enfrente desafios e dificuldades. Em minha prática de coaching parental, ensino meus clientes a recorrerem ao mantra "Não é meu problema", para que recuem um pouco quando estão imersos na resolução de todos os problemas das crianças. A chave é a prática da autoconsciência (a atenção plena irá ajudá-lo) para se conhecer e descobrir se é necessário equilibrar suas predisposições.

A CURA PELA AUDIÇÃO

Como ajudamos nossos filhos com problemas? Quando minha filha tinha dois anos, ela começou com birras intensas, várias vezes

---

16 No Brasil, publicado com o título *Como criar um adulto*. (N. da T.)
17 Os pais-helicóptero são superprotetores. Em todas as situações, há sempre uma percebida perseguição aos filhos (tanto por parte de outros colegas quanto por parte dos professores) e há uma necessidade de ajuda/justificativa contínua. (N. da T.)

ao dia. Meu marido e eu a víamos como uma bomba-relógio que explodiria a qualquer momento. A ansiedade e o estresse estavam me consumindo. Como lidar com isso? Precisei aprender a técnica do aterramento e a ouvir.

Começar com aterramento e autocompaixão

Primeiro, precisei lidar com minha reação ao estresse. Seria capaz de me manter calma diante de tais cenas? Muitas vezes, não. Então, tinha de "ir embora" para lidar com minha própria raiva. Gritar só piorava a situação já tão complicada, portanto, buscar algum espaço para me acalmar ajudava muito. Embora não fosse bom deixar minha filha daquele jeito, era melhor do que explodir em birra de mamãe. Aprendi que, quando nosso filho está em um lugar seguro, às vezes nos afastarmos por um tempo pode ser a melhor decisão.

Quando enfim me acalmava, surgia outro problema: minhas palavras desencadeavam uma nova rodada de gritos! Ainda que a atenção plena me ajudasse a tranquilizar e ficar no aqui e agora, descobri que herdei uma maneira de falar que disparava o gatilho da *resistência* em minha filha. O que eu dizia *piorava* as coisas, mas nem sequer imaginava como me comunicar com mais competência. Então, tive de aprender. Nos próximos capítulos, compartilharei com você as ferramentas de comunicação que ajudaram a transformar a resistência total da minha filha em cooperação voluntária.

Uma advertência: conforme você aprender maneiras mais eficazes de se comunicar com seu filho, lembre-se de praticar a autocompaixão e abandonar o autojulgamento. Bem sei como é frustrante perceber que o jeito como você está se comunicando talvez afete seu relacionamento parental com os filhos. Lembre-se do alicerce da atenção plena, que lhe dará o espaço e a lucidez necessários para que promova mudanças com uma atitude mais saudável e menos crítica. Vergonha e culpa não são bons professores – nem para seu filho, nem para você. Traga compaixão ao aprendizado e lembre-se de que não está sozinho: todos nós lutamos a mesma batalha.

Ouvir para cultivar a interação

Os relacionamentos são construídos na interação, e a interação é desenvolvida no estabelecimento de vínculos, por meio da comunicação. Todos nós queremos ser vistos e ouvidos, sobretudo nos nossos relacionamentos mais próximos. No entanto, quase sempre – incluindo nossos filhos – tendemos a suprimir nossa atenção, ou por estarmos no piloto automático, ou no modo "excesso de informação", ou "nas nuvens", ou ainda imersos no celular. Então, ouvimos com bem pouca atenção. Por esse motivo, a meditação da atenção plena é fundamental. As crianças precisam que de fato estejamos com elas – corpo, mente e espírito –, não apenas lhes dizendo que se apressem. Como Thich Nhat Hanh afirmou em um retiro de que participei em 2003: "Quando você ama alguém, o melhor que pode oferecer é a sua presença. Como você pode amar, se não está lá?".

Cada vez que seu filho fala com você, ele quer estabelecer uma interação. E sempre que ele quiser isso, pense no ato como uma campainha de atenção plena, isto é, um lembrete para você parar e ouvi-lo com toda a atenção. Largue o celular e pratique estar no aqui e agora com seu filho. Ou diga-lhe que não poderá escutá-lo naquele momento.

Quando praticamos ouvir com atenção plena – com foco e sem julgamentos –, entendemos o que está acontecendo com nossos filhos, que se sentirão vistos e ouvidos.

Ouvir com atenção é o padrão de excelência para auxiliar pessoas com um problema, pois as ajuda a entendê-lo melhor e até resolvê-lo por meio do diálogo sobre ele. Às vezes, basta ouvir o problema para encontrar uma solução a ele! Mostramos que estamos no aqui e agora, e nossos filhos se sentem compreendidos, afinal, desejam ser aceitos exatamente como são, com sentimentos desagradáveis e tudo. Sentir-se aceito significa sentir-se amado, o que cura muitos problemas.

Entretanto, ouvir com compaixão não implica que aceitamos as escolhas dos nossos filhos, mas demonstra que aceitamos a pessoa de nossos filhos e seus sentimentos (não necessariamente um determinado comportamento).

Quando seu filho enfrenta um problema, ouvi-lo com plena atenção pode funcionar como mágica: comunicação intensa sem emitir uma palavra. Tente falar menos e ouvir mais nesta semana!

PRÁTICA

Ouvir com atenção

Habitue-se a parar de falar e ouvir com toda a atenção. Pense nisso como uma prática de atenção plena para que esteja no aqui e agora quando seu filho falar com você.

Quais são algumas maneiras de estar presente no aqui e agora?

- Afaste o celular e outras coisas que talvez o distraiam.
- Depois de descartar os elementos intrusos, concentre sua linguagem corporal no seu filho. Vire o corpo para ele e também a visão central. Se a criança está compartilhando alguma coisa desconfortável, ela talvez não faça contato visual; tudo bem. Sentem-se lado a lado.
- Use suas competências de atenção plena para perceber quando sua mente divaga no passado ou no futuro, julgando ou planejando uma resposta. Pratique ficar em silêncio e ouvir seu filho. O que ele quer? O que aconteceu? O que ele está sentindo?

Ouvir com atenção, mente e corpo focados no filho criará um elo mais intenso. Experimente e descubra como você pode ser útil, mesmo em silêncio!

Demorar uma semana ou mais para se focar em falar menos e ouvir mais mudará seu relacionamento. Você se perceberá interrompendo o antigo hábito de resolver tudo e ficará mais observador e curioso. E, o melhor, seu filho sentirá a diferença.

O QUE NÃO FALAR

Ouvir é uma parte significativa da construção de um vínculo mais intenso entre nós e nossos filhos; abandonar nosso impulso de resolver todos os problemas é outra. Depois disso, *o que vamos falar*? Não podemos nos manter em silêncio para sempre, e algumas respostas são mais eficazes do que outras.

Primeiro, vejamos palavras que não ajudam.

Imaginemos que seu filho correu até você vindo da caixa de areia de um playground, claramente chateado. "Reilly roubou meu baldinho! Ela gostava de mim, mas agora sumiu daqui e está sendo malvada. Odeio este lugar!" O que dizer?

Se você for como a maioria de nós, sua resposta talvez seja mais ou menos como uma destas:

"Ah, aposto que Reilly ainda gosta de você."
"Às vezes isso acontece. Não esquente a cabeça."
"Se você soubesse dividir mais, não ia perder seu amigo."
"Por que você não procura Reilly e pede com delicadeza que o devolva?"
"Tudo bem. Quer comer alguma coisa?"

Parece familiar? É bem provável que você já tenha dito esse tipo de coisa ou mesmo ouvido alguns pais as dizendo. Agora, vamos imaginar o oposto: você ouve tais comentários. Em vez do cenário balde e caixa de areia, imagine que sua grande amiga Reilly não lhe devolveu uma jaqueta que pegou emprestada e está pouco ligando. Você vai ao encontro dela para falar sobre a situação, mas ouve isto:

"Ah, aposto que Reilly ainda gosta de você."
"Às vezes isso acontece. Não esquente a cabeça."
"Se você soubesse dividir mais, não ia perder sua amiga."
"Por que você não procura Reilly e pede com delicadeza que a devolva?"
"Tudo bem. Quer comer alguma coisa?"

Não, não está tudo bem e não quero comer! Eca. Como pode existir alguém tão insensível? No entanto, falamos quase sempre assim com as crianças. A maioria de nós não aprendeu maneiras competentes de se comunicar com quem enfrenta um problema. Nenhuma dessas frases reconhece os sentimentos da pessoa; são inúteis porque enviam uma mensagem de não aceitação.

Se dissermos alguma coisa do tipo "Se você soubesse dividir mais, não ia perder o amigo", travaremos o diálogo com nossa culpabilização e julgamento. Se dissermos: "Às vezes, isso acontece. Não esquente a cabeça", estaremos rejeitando como a pessoa se sente. Se tentarmos ajudá-la a "consertar" o problema com as palavras: "Por que você não procura Reilly e pede com delicadeza que o devolva?", estaremos ignorando reconhecer os sentimentos do outro, que ficará bastante irritado.

E, pior ainda, essas falas criam fissuras nos relacionamentos, e é nossa interação com os filhos que forma o alicerce da cooperação.

Barreiras de comunicação

No curso de "Parentalidade consciente", chamamos os tipos de falas apresentados de "barreiras", pois quase sempre interrompem o fluxo de comunicação entre pais e filhos. Quando fazemos uso delas, nossas crianças acham complicado adotar uma postura mais aberta e realmente nos ouvirem.

Constituem barreiras da comunicação:

- Culpas.
- Insultos.
- Ameaças.
- Imposições.
- Depreciações.
- Ofertas de soluções.

Alguns exemplos:

Culpa: "Você não quer mesmo fazer o trabalho".
Insulto: "Não se comporte como um bebê. Você já é um rapazinho".
Ameaça: "Se você não for legal, seus amigos não vão querer brincar com você".
Imposição: "Pare com isso!".
Depreciação: "Tenho certeza de que está tudo bem. Não esquenta".
Oferta de soluções: "Por que você não...".

Essas barreiras comunicam a não aceitação dos pensamentos e dos sentimentos alheios. Algumas enviam a mensagem de que é errado ter sentimentos; em outras, o emissor assume a responsabilidade de resolver o problema da criança, o que soa como um voto de não confiança na competência dela.

Vamos verificar mais uma vez a situação com Reilly. A seguir, apresento as barreiras de comunicação presentes:

Culpa: "Se você soubesse dividir mais, não ia perder seu amigo".
Insulto: "Não seja tão sensível".
Ameaça: "Se você não for legal, eles não vão querer brincar com você".
Imposição: "Não diga isso. Vá lá e faça amigos".
Depreciação: "Está tudo bem. Quer comer alguma coisa?".
Oferta de solução: "Por que não procura Reilly e pede com delicadeza que o devolva?".

Nenhum desses posicionamentos revela empatia ou ajuda, pois, ainda que de modo variado, enviam à criança a mensagem de que a culpa é dela, de que seus sentimentos pouco importam ou de que ela é incompetente.

Mudar não é fácil

Você reconheceu algum dos seus próprios padrões de comunicação na seção anterior? Com certeza eu sim, pois, da forma como os ouvi, e os reiterei: ameaças, culpabilização e até insultos muito mais do que imaginava. Deve ser frustrante e desconcertante reconhecer que alguns padrões de comunicação não ajudam em nada. Mas lembre-se de que não são conscientemente escolhidos, na medida em que a maneira como nos comunicamos se relaciona com a nossa cultura e história familiar. Caso não nos empenhemos em mudá-los, repetiremos os mesmos padrões familiares e culturais. Você não é culpado!

Agora que já conhece essas barreiras na comunicação, talvez anseie por eliminá-las. No entanto, precisa ter *ciência* de quando as estiver usando. Com toda a sinceridade, vai levar algum tempo até que as abandone, e continuará a recorrer a elas conforme aprender a reconhecê-las, *e mesmo depois*. Às vezes, eu mesma ainda as uso! Será uma excelente vitória se conseguir perceber quando as estiver empregando.

Aprender a promover mudanças desse tipo requer a prática da autocompaixão. Somos seres humanos, cometemos erros e vamos continuar a cometê-los, mesmo com uma conscientização crescente. Entretanto, conforme nos afastarmos desses padrões e barreiras de comunicação inábeis, o relacionamento com nossos filhos vai melhorar.

COMO SER PRESTATIVO

Voltemos à cena da caixa de areia, onde seu filho disse: "Reilly roubou meu baldinho! Ela gostava de mim, mas agora sumiu daqui e está sendo malvada. Odeio este lugar!". Como reagir?

Lembre-se de que, quando nossos filhos nos procuram com um problema, eles querem ser ouvidos, compreendidos e aceitos, e uma maneira de atendê-los é por meio da escuta *reflexiva*, isto é, refletir sobre o conteúdo e os sentimentos implícitos no que disseram. Você poderia falar alguma coisa do tipo: "Ah, meu amorzinho, você está mesmo muito mal com isso! Ficar aqui no playground não é legal agora".

Essas palavras indicam que você reconhece e aceita os sentimentos da criança e abre a porta para que seu filho fale um pouco mais. Esse tipo de reação verbal empática é conhecido como "escuta ativa" e também "emocional coaching", porque ajuda as crianças no aprendizado de regularem as próprias emoções.

Como você se sente no papel de receptor? Imaginemos mais uma vez que Reilly é sua amiga e está lhe desprezando. Você, incomodado com a situação, vai se desabafar com alguém próximo, um companheiro, por exemplo. Em vez de reagir com "Está tudo bem", seu companheiro diz: "Nossa, isso é mesmo chato! E você ficou bem magoado". Como você receberia cada uma dessas reações?

Escuta reflexiva em ação

Quando alguém está aborrecido com um problema, a escuta reflexiva nos pede que imaginemos e nomeemos o que a pessoa sente. Lembra-se de como a parte inferior do cérebro é responsável pelos sentimentos? Se nossos filhos estiverem chateados, o cérebro emocional assumirá o controle. E se conseguirmos rotular com neutralidade o sentimento, ajudaremos a trazer de volta à cena a parte superior do cérebro das crianças – responsável pela lógica, autocontrole, linguagem e tomada de decisão.

PRÁTICA

Escuta reflexiva

- ▸ Esteja com atenção plena no aqui e agora do momento.
- ▸ Ouça os fatos e os sentimentos implícitos.
- ▸ Responda com aquilo que compreendeu.
- ▸ Manifeste empatia.

O principal é estar no aqui e agora com atenção plena. Foque sua mente e seu corpo na criança. Ouça os fatos e perceba os sentimentos naquilo que ela está dizendo. Quando chegar a hora de reagir, compartilhe a compreensão com seu filho, que assim saberá que você o está escutando.

Se você reagir de modo preciso, seu filho sentirá que foi compreendido e pode ter um insight do problema. Mesmo que você tenha uma reação inesperada (imaginou os sentimentos dele e se enganou), isso ainda poderá ajudá-lo a compreender o que ele está sentindo e pensando. Se o seu "palpite" não parecer verdadeiro, a criança pode (e irá) corrigi-lo, e ambos seguirão em frente.

A escuta reflexiva talvez seja tão simples quanto refletir sobre "Ai! Isso doeu muito", em vez de "Tudo bem, não chore" para uma criança que esfolou o joelho. Ou então se transformar em uma situação mais complexa, como o efeito de "descascar cebola", quando o problema final aflora depois de trabalhar várias camadas. Por exemplo, uma criança de sete anos chega da escola e diz: "Não quero ir para a escola amanhã. Nem amanhã nem nunca mais!".

Pai[18]: "Você não quer mais ir para a escola."
Filho: "Não, não mesmo. E também não quero ver Mason no parquinho nunca mais."
Pai: "Você parece aborrecido com o Mason."
Filho: "Ele sempre tira sarro de mim porque não conheço nenhum personagem das *Tartarugas Ninja*. Todas as crianças brincam desse jeito e eu não posso porque não conheço os personagens. Não é justo que eu não posso assistir."
Pai: "Você queria poder assistir a esse programa."
Filho: "Sim! Todas as outras crianças conhecem o programa e não brincam comigo porque eu não conheço."
Pai: "Parece que você está se sentindo excluído."

---

18 Aqui nos referimos à figura parental: pai, mãe etc. (N. da T.)

Filho: "Era muito melhor quando Oliver estava na minha classe. A gente adorava sair da sala e desenhar durante o recreio. Que droga ele mudar de escola."
Pai: "Você sente saudade do Oliver."
Filho: "O recreio era bem mais legal com ele lá. Às vezes Lucas quer brincar. Ele também é muito legal, e Mason nos deixa em paz quando ficamos perto da árvore. Vou ver se ele quer brincar amanhã. E eu poderia levar meus bonecos de Star Wars! Posso?"
Pai: "Claro, meu amor."

Em vez de usar as barreiras de comunicação, esse pai recorreu ao espelhamento emocional, refletindo de volta para o filho, o que permitiu à criança resolver sozinha o problema. Às vezes, quando usamos a escuta reflexiva, nossos filhos se sentem de fato ouvidos e aceitos, e a história continua "se descascando", como essa. A criança resolveu o próprio problema conversando sobre ele. Se o pai dissesse: "Nem pensar! Você tem de ir para a escola amanhã", nunca teria percebido o que chateava o filho.

A *história de Harper*

Harper havia voltado da escola descontente com uma garota que andava lhe fazendo caras e bocas e discorreu um longo tempo sobre como a menina era cruel. Perguntei-lhe como reagia à cena, e ela respondeu que fechava a cara. Aí perguntei se isso a ajudava. Harper disse que não.

Tentando interromper o pensamento negativo, pedi a ela que me contasse alguma coisa de que gostasse na menina (eu estava tentando "consertar" o problema). "A garota desenha bem? Você gosta do cabelo, dos sapatos dela?"

Sugeri à minha filha que dissesse algo agradável para a garota assim que a visse na próxima segunda-feira na escola.

Na terça-feira, quando peguei Harper na escola, logo percebi uma expressão sombria em seus olhos. Perguntei se estava tudo bem e ela desandou a chorar. Dessa vez, lembrei-me da escuta atenta e disse: "Lamento muito que esteja sofrendo. É mesmo complicado o início numa nova escola. Eu sei que dói". Deixei Harper chorando e me dizendo como a garota era horrível e cruel, e não tentei corrigi-la. Apenas a abracei.

Depois de uma semana, perguntei à minha filha como as coisas estavam indo com essa garota da classe. A resposta: "Muito bem".

Vamos a outro exemplo. Imagine que sua filha de cinco anos está resistindo em ir para a cama. Agitada, ela declara, com fervor: "Não vou dormir hoje!". *Eita*, você pensa. Mas daí se lembra de reconhecer o que está acontecendo com ela e refletir de volta:

Pai: "Parece que você não quer mesmo dormir."
Filha: "É muito assustador apagar as luzes. Não consigo dormir."
Pai: "Você tem medo do escuro."
Filha: "Sim. Quando está escuro, parece que tem um monstro no armário!"
Pai: "Nossa, isso parece assustador! Não me surpreende que você não queira ir para a cama." (*Oferecendo um abraço.*)

Em razão de o pai ouvir, ele entende o que está acontecendo e consegue ajudar de forma eficaz. Nesse caso, o pai apaga a luz e se deita na cama, percebendo o formato das roupas penduradas. "Hmmm... Essas roupas parecem um monstro. Vamos ver se a porta do armário está bem fechada." Observe que com tal atitude ele ajuda a resolver o problema. Conforme você recorrer a essas ferramentas, lembre-se de seguir o meio-termo entre os extremos.

A escuta reflexiva também é efetiva com bebês e crianças na fase pré-verbal. Imagine que seu filhinho está chorando e você lhe diz: "Não chore. Silêncio. Está tudo bem", uma mensagem de que os sentimentos do bebê são inaceitáveis.

Mas você poderia dizer: "Oh, você está tristinho. Vamos ver o que está acontecendo", uma mensagem que reconhece a realidade do bebê. Você já o alimentou, então verifica a fralda: "Esta fralda toda suja não está legal, não é?". A mensagem reconhece por que a criança chora e como talvez esteja se sentindo. Essas palavras mostram aceitação, ao contrário de "Não chore". A voz suave e a expressão facial empática também reconhecem a realidade do seu filho e permitem que você interaja emocionalmente com ele. E dessa maneira você pratica uma linguagem competente que o levará para o futuro com a criança.

Problemas com a escuta reflexiva

Ao recorrer a essa nova ferramenta para refletir sobre os sentimentos e as vivências da criança, é bem possível que cometa alguns erros, como tentar ouvir com empatia quando você não está em um bom momento para isso. Talvez se sinta frustrado e irritado com seu filho, ou cansado e sobrecarregado.

Se você não estiver disposto a ouvir, seja objetivo e sincero: "Não estou pronto para ouvi-lo agora. Podemos conversar daqui a pouco?".

Outros erros comuns de escuta reflexiva são:

- **Ecoar,** ou simplesmente repetir o que seu filho lhe disse, o que talvez o irrite e gere mais conflitos. Em vez disso, aja de uma maneira que mostre que de fato o ouviu.
- **Maximizar ou minimizar sentimentos.** Se seu filho está *realmente* com raiva e frustrado, e você lhe diz: "Você está meio chateado porque cancelaram o jogo", ele talvez sinta que não foi ouvido.
- **Iniciar cada feedback com a mesma frase:** "Estou ouvindo você dizer que...". Agi desse jeito quando estava aprendendo a escuta reflexiva e minha filha reclamou mais de uma vez!
- **Adotar a escuta reflexiva para *tudo* o que seu filho diz.** Você se lembra da escuta silenciosa? O silêncio ou outros tipos de reconhecimento são mais apropriados em muitas situações.

A escuta reflexiva é uma competência que demanda atenção e prática. Provavelmente, no início, você ficará o tempo todo muito ciente de que está usando um novo "método" e de que não tem competência nesse sentido. Não se preocupe; tenha paciência. Praticar sempre ajuda, inclusive em casa ou no trabalho. É possível elaborar mentalmente suas próprias reações de escuta reflexiva ao ouvir, por acaso, outros pais no playground. Quanto mais você se empenhar na escuta reflexiva, mais naturalmente ela virá – e mais competente você será.

Lembre-se: a escuta reflexiva é uma ótima ferramenta para se usar em *situações de problema do filho*. No próximo capítulo, vou apresentar como agir quando você tiver um problema.

OUVIR FOMENTA OS RELACIONAMENTOS

Reagir aos nossos filhos com competência se inicia com uma grande dose de atenção plena: discernir o que está acontecendo no momento, identificar suas emoções e pensamentos e também do outro e reconhecer de quem é o problema. Se você estiver distraído, estressado ou no piloto automático, é quase inevitável que sua reação erre o alvo. O passo fundamental para resolver qualquer problema com eficácia é estar no *aqui e agora*, para ouvir, ver e ouvir de verdade seu filho, sem os pensamentos de julgamento que gostam de aflorar. Quando você está com os pés no chão, sensato e presente, consegue vislumbrar quem tem um problema e como ajudar.

Portanto, engaje-se aos alicerces essenciais das práticas de atenção plena. Além disso, não só *observe* as barreiras de comunicação em você, em sua família e nos outros, mas também como as pessoas reagem a elas. *Pratique* a competência da escuta reflexiva, e tudo bem se você se sentir desconfortável no início. Se quando criança não conviveu com esse tipo de comunicação, lembre-se de que se assemelha a aprender um novo idioma. Dê a si mesmo graça[19].

Falaremos sobre como agir quando tiver um problema no próximo capítulo. Talvez pule direto para ele, mas o encorajo a se dedicar antes à prática do que aprendeu neste capítulo. Essas competências se complementam, por isso é bom que reserve um tempo para a prática da escuta reflexiva antes do próximo passo.

---

19 Na ioga, dar a si mesmo graça é permissão para perdoar seus erros, suas falhas de julgamento e seus comportamentos nocivos, pois ninguém é perfeito. (N. da T.)

> **NESTA SEMANA, PRATIQUE...**
>
> - meditação sentada ou meditação de escaneamento corporal de cinco a dez minutos, quatro a seis dias por semana
> - bondade amorosa, de quatro a seis dias por semana
> - observação do uso de barreiras de comunicação
> - escuta reflexiva

CAPÍTULO 6

DIZER AS COISAS CERTAS

*Trate uma criança como a pessoa
que ela é capaz de se tornar.*

HAIM GINOTT

Antes da gravidez, eu era uma mulher inteligente, realizada, proativa. Então, a parentalidade de uma criança pequena me subjugou. Só me acalmei um pouco depois que consegui me concentrar para minimizar minha reatividade. Mas eu ainda não tinha competência no modo como falar com minha filha, que continuava resistindo a quase tudo.

Em um dia rotineiro em casa, minha filha começou a reclamar e a não querer colocar os sapatos. A frustração crescia dentro de mim. Já vivi coisas difíceis no passado. *Consigo suportar isto e me controlar!* Inspirei e expirei lentamente, a tensão nos ombros relaxando um pouco.

Então, com minha voz de boa mãe, falei:

"Maggie, coloque os sapatos. Vamos sair."

Não funcionou.

"Não! Não quero!"

"Coloque os sapatos. Vamos sair agora."

Bum!

"*Não!* Não *quero!!!*"

Lágrimas. Gritos.

A situação só piorava. Calma perdida, comecei a gritar. Não me orgulho de dizer que coloquei na marra os sapatos nela, ambas chorando e infelizes. O que aconteceu? Meu terrível erro materno começou com as palavras usadas, que provocaram a resistência (de novo) da minha filha: eu impus, e ela *não gostou*.

QUANDO VOCÊ TEM UM PROBLEMA

No capítulo anterior, falamos sobre como ouvir para ajudar as crianças a resolverem os próprios problemas. Ouvir atentamente é o padrão de excelência para auxiliar os outros e construir conexões, como fazer depósitos na "conta bancária do relacionamento", formando um alicerce de interação mais forte. Só isso já motivará a criança a cooperar com mais frequência.

Mas e quando *você* tem um problema? Neste capítulo, saberá como falar para conseguir que suas necessidades sejam atendidas, mantendo com seu filho um relacionamento próximo e conectado por um longo tempo.

Criar consciência das próprias necessidades

Todos temos necessidades próprias: dormir, tempo a sós, ambiente tranquilo, convivência com amigos, alimentação saudável, atividades físicas e muito mais. Mas, como pais, muitas vezes nos vemos impossibilitados de atender a elas, pois nossa cultura social nos condiciona a deixá-las de lado em prol dos nossos filhos, sobretudo quando são ainda crianças. Além disso, algumas pessoas naturalmente tendem a colocar suas necessidades atrás das atividades dos filhos. Se você é assim, preste atenção:

Suas necessidades são tão importantes quanto as de seu filho

A resposta para o problema das necessidades concorrentes não é fingir que não existem, ou que não importam, ou que podem ser adiadas por mais de 18 anos. Para um relacionamento saudável e sustentável, sem ressentimento, deve-se começar com a consciência das próprias necessidades.

Quais são as suas? Às vezes, já nos habituamos tanto a negá-las que esquecemos quais são, lembrando-nos apenas das básicas. Reserve um tempo para fazer o exercício a seguir e perceba as necessidades que requerem mais atenção:

EXERCÍCIO

Quais são as suas necessidades?

Examine a lista de necessidades humanas básicas propostas a seguir, que é tão somente um ponto de partida para ajudá-lo na construção da autoconsciência, percebendo o que talvez exija mais atenção em sua vida. Lembre-se de que, quando você exerce o autocuidado, seu filho aprende com o exemplo. No diário "Criando bons humanos", anote as necessidades que requerem mais atenção.

abrigo	descanso/sono	liberdade
afeição	desenvolvimento	luto
água	diversão	movimento/
amor	empatia	atividades
apoio	equidade	ordem
aprendizagem	escolha	propósito
ar	espaço	relacionamento
autoafirmação	estabilidade	social
beleza	estímulo	respeito/
carinho	expressão sexual	autorrespeito
comida	harmonia	segurança
companheirismo	humor	tranquilidade
comunicação	inclusão	valorização
confiança	independência	
contato humano	intimidade	

Agora, pense no melhor jeito de atender às necessidades negligenciadas. Que ação concreta pode fazer – como programar um cafezinho ou agendar uma visita a um lugar de acolhimento de crianças – nesta semana? Escreva sua intenção no diário "Criando bons humanos" e mãos à obra!

Modelar limites saudáveis

Lembra-se de como nossos filhos são excelentes em fazer o que fazemos? Quando damos exemplo de autocuidados, eles tendem a nos imitar; se cuidamos de nossas necessidades, saberão cuidar das deles. Se, por exemplo, você estiver sempre carregando um tipo de "cartão de agradar pessoas", talvez seu pai/sua mãe tenha colocado as necessidades deles por último. É hora de quebrar esse padrão geracional nocivo para seu próprio bem e o dos seus filhos. Se pretende criar pessoas boas, precisa de competência para mostrar às crianças que o comportamento delas está interferindo nas suas necessidades.

Crianças precisam de limites saudáveis. Pesquisas mostram que aquelas que se desenvolvem com pais, mães ou responsáveis permissivos – que não defendem limites saudáveis e expectativas comportamentais adequadas – têm mais probabilidade de serem egocêntricas e carentes de autocontrole, além de apresentarem taxas mais elevadas de consumo de drogas do que outras crianças (Shapiro & White, 2014). Em vez de permissivos, devemos estabelecer limites saudáveis para a saúde mental e emocional tanto nossa como de nossos filhos.

Por definição, crianças são imaturas. Portanto, é de se esperar que nos incomodem, perturbem e frustrem. Podem ser negligentes, bagunceiras e destrutivas, não por maldade, mas por buscarem satisfazer as próprias necessidades. Quando o comportamento delas interfere em *nossas* necessidades, precisamos nos comunicar de um modo que não gere ressentimento e resistência – e assim mantermos nossa forte interação (e, portanto, nossa influência) no longo prazo.

Barreiras de comunicação

Como no capítulo anterior, vamos ver o que *não* dizer, retomando as mesmas barreiras aqui:

- Imposição.
- Ameaça.
- Culpa.
- Depreciação/julgamento.
- Ofertas de solução/conselho.
- Insultos.

Esses métodos interrompem o fluxo de comunicação entre você e seu filho, causando ressentimento na criança.

A melhor maneira de entender por que são barreiras é vivenciá-las. No próximo exercício, imagine como é ser uma criança com pais que as usam.

Barreiras em ação

Imagine-se uma criança de seis anos. Você fez muita bagunça depois do lanche (se isso for difícil, imagine-se em um quarto compartilhado). Estava fazendo alguma coisa – pesquisando em livros, montando um quebra-cabeça, desenvolvendo um projeto – e se esqueceu de guardar tudo que usou. Agora seus pais (ou colega de quarto) fazem cada um dos comentários a seguir; anote respostas sinceras do ponto de vista de uma criança. Como você se *sente*? Ponha-se no lugar do seu filho:

- "Pegue isso já. Não quero esta bagunça aqui." (Imposição)
- "Se você não arrumar tudo agora, vai ficar sem tempo de tela." (Ameaça)
- "Já cansei de falar para você não bagunçar." (Culpa)
- "Você é um desleixado! Arrume esta bagunça." (Depreciação/julgamento)
- "Se eu fosse você, limparia esta bagunça logo." (Oferta de solução/conselho)

Escreva suas reações no diário. Talvez também valha a pena ler as frases para seu parceiro e pedir-lhe que registre uma resposta. Use-as como ponto de partida para uma conversa.

Como você se sentiu com o tipo de linguagem do exercício? Gostaria de cooperar ou se ressentiu? É possível que as respostas sejam reveladoras. Se você perceber que sua própria linguagem tem sido uma fonte de ressentimento e resistência para seu filho, pratique a autocompaixão (Capítulo 3). Lembre-se de que provavelmente não escolheu a linguagem de modo consciente, pois a herdou. Você consegue mudar essa situação por meio da prática do emprego de uma linguagem mais apropriada, o que, com o tempo, tornará o processo mais fácil e natural.

- **Imposição.** Vejamos a primeira barreira: "Pegue isso já. Não quero essa bagunça aqui". Do ponto de vista da criança, é fácil ver como a imposição gera ressentimento. Nossos filhos enfrentam uma avalanche de ordens de adultos todos os dias e resistem ao que impomos que façam. O pai, a mãe ou o responsável está "estalando o chicote", e a criança quer "livrar a cara".
- **Ameaça.** A segunda barreira "Se você não arrumar tudo agora, vai ficar sem tempo de tela" é a ameaça, que também causa um tipo semelhante de resistência nas crianças, pois se sentem coagidas e manipuladas. Nesse caso, encurralado, seu filho vai resistir ou se submeter, e sempre haverá ressentimento. Embora recorrer

a ameaças pareça "funcionar" no momento, minimiza a chance de que a criança coopere voluntariamente no futuro.
- **Culpa.** "Já cansei de falar para você não bagunçar", "Você é um desleixado! Arrume esta bagunça." Culpa e depreciação são humilhações. Com frases desse tipo, os pais estão enfatizando o erro e sugerindo que o caráter da criança está em questão. Ela talvez se sinta culpada, mal-amada e rejeitada. Pode achar que seus pais estão sendo injustos e muitas vezes resistirá ativamente às mensagens deles. Cooperar (ou submeter-se, do ponto de vista do filho) é admitir a verdade nas palavras dos pais.
- **Depreciação.** A humilhação é depreciativa e tem um efeito destrutivo no seu filho e no relacionamento entre vocês. *A vontade de cooperar vem da proximidade e interação.* Culpa e depreciação comprometem essa interação e não levam a nada.
- **Oferta de solução/conselho.** Você propõe muitas soluções? "Se eu fosse você, limparia esta bagunça logo." Talvez esta barreira não soe tão grave quanto as outras, mas quase sempre não produz o efeito desejado, além de também gerar ressentimento. Já passou pela situação de estar prontinho para fazer alguma coisa legal para alguém quando essa pessoa fala exatamente para você fazer o que já estava imaginando? É bem provável que tenha pensado: "Eu não precisava desse conselho". Ou talvez tenha se irritado por parecer que a outra pessoa não confiava em você a ponto de achar que não conseguiria fazer sozinho. O problema de aconselhar é o mesmo de impor: as crianças não gostam que lhes digam o que fazer. E mais, também envia a mensagem de que não confia nelas e que não acredita que resolveriam o problema sozinhas.

Consegue perceber como essas falas tão comuns podem causar ressentimentos ou mesmo criar um padrão de resistência em seu filho? Olhando sob o ponto de vista dele, vemos que algumas dessas barreiras são indelicadas e até mesmo grosseiras, ainda que socialmente aceitas. No entanto, talvez o maior problema esteja na *ineficácia*. Na verdade, essa linguagem contraproducente leva nossos filhos à resistência e ao ressentimento quando lhes pedimos algo, minimizando a vontade de cooperação.

O problema com as mensagens "você"

Se você observar a comunicação incompetente apresentada antes, verá que todas se centram em um tema comum: a mensagem é sobre "você", a outra pessoa. As crianças recebem as *mensagens-você* como avaliações de julgamento, o que as ressente. Pense desta maneira: se *minhas* necessidades não estão sendo atendidas – por exemplo, se estou cansado, mal-humorado e não consigo aproveitar o espaço de convivência quando há coisas de crianças espalhadas por toda parte –, é um problema *meu*.

E, no entanto, expressamo-nos com mensagens-você, ofendendo nossos filhos no processo.

Um jeito melhor de falar

Existe uma boa notícia: uma vez que a linguagem e os hábitos de fala são *aprendidos*, também podem ser desaprendidos. Acordar para o fato de que nosso modo de ser e padrões habituais são ineficazes é um passo essencial para interrompê-los e criar outros melhores. Por favor, não se culpe nem se constranja pela falta de competência ao falar. No lugar disso, celebre sua nova consciência como o início de um novo padrão de comunicação consciente com seu filho.

A intenção é transformadora

Não podemos erguer paredes de uma casa sem os alicerces. Nossas *intenções* formam a base da comunicação. Para mudarmos nossa linguagem, precisamos antes mudar nossa *intenção*.

Sejamos realistas: nas interações com nossos filhos, quase sempre tentamos manipulá-los para *obrigá-los* a uma ação. Portanto, é preciso mudar nossa maneira de pensar e de querer mudar o outro de acordo com nossas necessidades não atendidas.

Aqui o treinamento da atenção plena entra em ação, como elemento de ajuda para que tenhamos mais consciência do que acontece sob a superfície, mais *curiosidade* acerca das necessidades subjacentes não atendidas. Quando atingimos esse nível mais profundo, aflora a compaixão por nós e por nossos filhos e conseguimos nos expressar com uma *intenção de curiosidade e cuidado* – tanto por nós quanto pelo outro.

No entanto, com frequência somos orientados a demonstrar uma intenção bem diferente. Talvez nosso pensamento inconsciente seja: não confio em você. *Preciso conseguir que você faça o que eu quero*. Vamos pensar em como nossas interações podem mudar se assumirmos outra perspectiva: *preciso ter certeza de que minhas necessidades estão sendo atendidas*. Afinal, em todas as interações sociais almejamos a satisfação das nossas necessidades. Quando começamos a perceber isso em nós e em nossos filhos, culpa e julgamento desaparecem naturalmente.

É bem provável que o uso de uma linguagem nova não funcione se mantivermos a intenção de manipular nossos filhos, que resistirão à mensagem como uma tentativa dissimulada de controlá-los. Se tentarmos apenas aplicar a "técnica" sem mudar para uma *intenção de curiosidade e cuidado*, nossas crianças notarão.

Já vimos isso no uso de uma linguagem impositiva e ameaçadora, que minimiza a vontade de cooperação dos nossos filhos. Então, o que os motiva a cooperar? Uma conexão intensa e uma comunicação sincera sobre como seu sentimento com relação ao comportamento deles afeta as necessidades que você tem.

Confrontação competente: mensagens-eu

Se nos abstermos de culpar e depreciar, centrando-nos em como o comportamento nos afeta, nossa linguagem naturalmente incorporará a perspectiva do "eu". A *mensagem-eu* é um método testado e comprovado de comunicação competente, em que nossos enunciados geralmente começam com o pronome "eu", em vez de "você", o que é excelente pelo fato de nos ajudar a atender nossas necessidades sem colocar a criança na defensiva. E ainda nos ajuda a assumir o controle dos nossos sentimentos, em vez de insinuar que são causados por nossos filhos. Por meio de mensagens-eu, manifestamos às crianças nossas necessidades, expectativas, problemas, sentimentos ou preocupações de maneira respeitosa, sem atacá-las, e ainda expressamos elogios e apreciação com mais competência.

Como vimos, nossa não tão eficaz linguagem de confrontação se centra no "você":

"*Você* deixou uma bagunça."
"Se *você* não parar com isso já..."
"*Você* devia saber isso."
"*Você* está agindo como um bebê."
"*Você* não deveria ter feito isso."

No entanto, se manifestarmos às crianças nossos sentimentos diante de um comportamento inaceitável, a linguagem se transforma em uma mensagem "eu":

"*Eu* fico desanimado quando vejo essa bagunça."
"*Eu* não quero correr agora porque estou cansado."
"*Eu* fico estressado quando temos de nos apressar."

Crianças recebem uma mensagem-eu como uma declaração sobre os sentimentos dos pais, o que minimiza a resistência.

Mas como usar esse tipo de mensagens no enfrentamento de comportamentos difíceis? Comece pela atenção plena para verificar a si mesmo: como se sente com a situação? Quais são os seus pensamentos e as suas necessidades? Vivencia sensações físicas corporais?

Assim que estiver ciente de como o comportamento o afeta, fale sincera e bondosamente com seu filho, expressando o que está acontecendo com você, e não haverá quase espaço para a discussão.

Você está convidando a criança à empatia, não à resistência, ajudando-a a cooperar porque *quer*, não porque é forçada.

Por exemplo, pense na criança que deixou uma bagunça na sala. Mais uma vez, imagine que você é ela. Neste momento, seu pai/mãe se agacha para fitá-lo nos olhos e lhe dizer: "Estou muito triste com essa bagunça toda, porque não consigo usar a sala". Como se sente enquanto criança? Como reage?

Thomas Gordon cunhou o termo "mensagem-eu" e o descreveu pela primeira vez em *Parent Effectiveness Training*[20] (1970). De acordo com Gordon, uma mensagem-eu apresenta três partes: uma descrição não censurável do comportamento, os efeitos disso em você e seus sentimentos.

- **Descreva o comportamento.** Use afirmações simples sem emitir julgamentos. Por exemplo, "Quando seu cabelo não está penteado...", em vez de "Seu cabelo está um horror!".
- **Descreva um efeito específico e tangível.** Que efeito isso tem em você? Deve ser em *você*, não em um irmão ou qualquer outra pessoa. Que necessidades suas não estão sendo atendidas? É um efeito tangível se:
  - Usa seu tempo, energia ou dinheiro (por exemplo, substituir almofadas, consertar buracos, fazer tarefas desnecessárias etc.).
  - Impede que você faça algo que deseja ou precisa fazer (por exemplo, chegar a um lugar em tempo, usar a internet, aproveitar a sala de estar etc.).
  - Afeta seu corpo ou sentidos (por exemplo, barulho alto, dor, tensão).
- **Compartilhe seus sentimentos.** Qual é a sua reação sincera e autêntica a esse comportamento? Você fica desapontado, ressentido, magoado, triste, envergonhado, com medo?

---

20 Em tradução livre, "Treino de eficácia parental". (N. da T.)

As mensagens-eu exigem que abandonemos o papel de "papai sabe tudo" e sejamos verdadeiros. Exigem que olhemos com atenção plena nosso interior em vez de apenas reagirmos ao outro. Exigem que façamos uma pausa e pensemos em como reagiremos. Como é uma mensagem-eu em ação?

- "Pegue isso já!" torna-se: "Com seus brinquedos espalhados no chão, fico chateado porque piso neles e machuco meus pés".
- "Não me chute, que comportamento horrível!" torna-se: "Ai! Isso me machuca!".
- "Pare de gritar!" torna-se: "Quando você grita, não consigo entender nada e fico mal-humorado e frustrado".
- "Você é desleixado!" torna-se: "Fico muito triste quando vejo essa bagunça".

===== **EXERCÍCIO** =====

Pratique descrever sem julgar

Muitas vezes não é fácil evitar os julgamentos que voam das nossas bocas! Como nossa mente está sempre avaliando o mundo em busca de ameaças, julgamentos afloram com facilidade e frequência. Tudo bem. Lembre-se: o que você pratica se torna mais forte, então vamos praticar descrever sem julgar.

No diário "Criando bons humanos", pratique transformar as seguintes afirmações em palavras não censuráveis de comportamento:

- "Você é tão egoísta!", quando uma criança se recusa a ajudar a limpar a mesa depois de uma refeição.
- "Não seja preguiçoso", para uma criança que não recolhe as roupas espalhadas pelo chão.
- "Isso é maldade", para uma criança que está provocando o irmão.

- "Você sempre deixa tudo bagunçado", quando uma criança sai de um cômodo sem arrumar os brinquedos.

Quando eliminamos culpa e julgamento de nossa linguagem, criamos de forma natural uma conexão mais próxima com nossos filhos. Não se preocupe se não for fácil. Só a prática de fazer uma pausa para pensar no que dizer vai aprimorar o jeito como fala.

As mensagens-eu são o meio mais competente de comunicação sem desencadear resistência nas crianças. Mas o processo de usá-las não é fácil e exige prática. Agache até a altura do seu filho, faça contato visual e repita sua mensagem-eu várias vezes.

Espere resistência

As mensagens-eu às vezes mudam de imediato o comportamento, mas nem sempre. O hábito de empregarmos frases que atuam como barreiras de comunicação talvez dificulte a receptividade das mensagens-eu, pelo menos no início, afinal, as crianças já se acostumaram a resistir aos pais. Pense nessa resistência como um trem que se desloca a 120 quilômetros por hora em uma direção. Ainda que deseje inverter o sentido, ele tem energia cinética. É necessário investir tempo e esforço para fazer o trem parar e recomeçar o movimento em outra direção. Mas o esforço vale a pena e promove recompensas, pois facilita a criação dos filhos.

Observe que às vezes as mensagens-eu não funcionam porque o comportamento da criança está atendendo a uma intensa necessidade dela, impossibilitando-a de pensar em outra maneira de agir. No próximo capítulo, veremos como lidar com conflitos mais desafiadores.

Solucionar problemas de mensagens-eu

É inevitável cometer alguns erros nessa nova maneira de comunicação. Vejamos alguns problemas comuns com mensagens-eu:

- **Mensagem-você camuflada de mensagem-eu.** Sempre que sentir a necessidade de acrescentar a palavra "como" depois de "sinto", talvez ela não descreva suas emoções: "Sinto como está sendo egoísta", "Sinto como se não estivesse me ouvindo". Iniciar uma frase com "Sinto" não a torna uma mensagem-eu.
- **Sentimentos contraditórios ou inautênticos.** As crianças percebem quando minimizamos ou maximizamos nossos sentimentos e encaram isso como desonestidade. Por exemplo, você vê seu filho correndo livre com um cortador de grama e minimiza: "Eu estou um pouco incomodado porque você pode se machucar". Ou então maximiza: "Fiquei chocado com o jeito como você ficou se revirando na cadeira na casa da sua avó". Seu filho perceberá as duas situações – minimizar ou maximizar mensagens-eu.
- **Deixando de lado o efeito.** Às vezes, apenas dizer ao seu filho como se sente quanto ao comportamento dele já surtirá efeito, mas, caso contrário, o problema talvez seja a falta de explicação de como você é afetado. Quando digo à minha filha: "Fico irritada quando você sacode a mesa enquanto come", ela não se importa muito. Mas a inclusão de "pois não posso comer em paz" faz uma grande diferença.

  O efeito pode ser a parte mais difícil de uma mensagem-eu. Como você descreve o estresse? Percebi que meu desconforto corporal, como músculos tensos, é um efeito legítimo. Por exemplo, diga: "Quando você solta aquele assobio estridente em casa, fico irritado e estressado, os músculos do meu pescoço tensionam, e não consigo relaxar!".
- **Afirmando como isso afeta outra pessoa.** Será possível obter mais sucesso quando o efeito atingir *você* – o emissor da mensagem. Em geral, cometemos este erro ao lidar com conflitos

entre irmãos, por exemplo: "Fico muito triste quando você bate na sua irmãzinha. Isso machuca!". Embora essa mensagem seja relevante, naquele momento não é lá muito motivadora. Portanto, diga: "Fico muito triste e chateado quando você bate nela; não consigo relaxar nem ficar feliz com você!". (Em seguida, console o agredido.)

Suas mensagens-eu talvez também não funcionem se você estiver gritando de outro cômodo. Não vai fazer diferença se sua intenção é envergonhar e culpar. Lembre-se sempre: a interação com seu filho forma o alicerce para que ele tenha vontade de cooperar e ajudar a atender às necessidades que você tem. Portanto, conecte-se com ele: pare, vá até a criança, abaixe-se ao nível dos olhos dela e compartilhe sua mensagem. Escreva este mantra:

Conecte-se, depois corrija

Para que o confronto seja amoroso e eficaz, adote a perspectiva não censurável ao atender às suas próprias necessidades, mantendo o relacionamento e ajudando seu filho a ver os efeitos do comportamento dele.

Mensagens-eu positivas

Antes de encerrarmos esta sessão sobre mensagens-eu, destaco que elas também atuam como uma ferramenta poderosa para enviar mensagens *positivas*. A ideia é usarmos mensagens-eu para um elogio mais descritivo e específico. Por exemplo, em vez de "Você é uma garota tão boazinha ajudando a mamãe!", poderá dizer: "Fico tão contente ao vê-la ajudando a limpar a mesa!". Quando vejo minhas filhas no ponto de ônibus escolar, costumo dizer: "Estou tão feliz em vê-las!", sem crivá-las de perguntas sobre como foi o dia na escola.

Mensagens-eu positivas são um excelente jeito de fazer "depósitos" na conta bancária emocional da criança. Quando concentra sua energia em reconhecer o que é positivo, cria uma conexão intensa, o que ajuda *demais* caso precise enfrentar um comportamento problemático mais tarde.

===== EXERCÍCIO =====

Crie uma mensagem-eu positiva

Vamos enviar uma mensagem de agradecimento ao nosso parceiro, a um amigo ou a um membro da família, para que saiba que é valorizado. Pense em alguma atitude ou em alguma fala dessa pessoa que melhorou sua vida. Como descreve o comportamento não censurável? Como ele afetou sua vida? Como se sentiu? *Agora*, antes que algo o distraia, pegue o celular e envie uma mensagem-eu positiva a essa pessoa. Observe como isso vai aprimorar o relacionamento!

No início, as mensagens-eu exigem muito esforço, mas compensam no longo prazo. Quando criamos nossos filhos com ameaças, no decorrer do tempo dificultamos a parentalidade. Mas, quando confrontamos o comportamento das crianças com uma comunicação amorosa e eficaz, como as mensagens-eu, facilitaremos a parentalidade, porque nossos filhos serão acostumados a receber e dar respeito.

Agora vamos conhecer outras maneiras de atender às nossas necessidades sem que sejamos aqueles pais desagradáveis e maus.

Usar o filtro de amigos

Talvez seja difícil recorrer a mensagens-eu em um momento estressante, ainda mais no início da aprendizagem. Então, apresento outra maneira de exercitar uma comunicação competente, a qual denomino "filtro de amigo".

Com nossos filhos gritamos imposições, culpas, ameaças e insultos, ou seja, falamos com eles de um modo que nunca falaríamos com nossos amigos ou com os filhos dos nossos amigos.

Estamos sempre dando ordens: "Coloque os sapatos", "Escove os dentes", "Venha aqui". Do ponto de vista das crianças, nossas ordens são implacáveis, e elas se irritam com a linguagem impositiva, que funciona como saque da conta bancária do relacionamento.

Não estou sugerindo que não faça seu filho escovar os dentes. Mas consegue dizer isso com mais habilidade? Use o *filtro de amigos* e pergunte-se: *como diria isso a um amigo?* Ou melhor ainda: *como diria para o filho do meu amigo?* Essa forma de pensar possivelmente seja útil em todos os tipos de situações, desde as boas maneiras à mesa até o playground.

E ainda poderá ajudá-lo a se lembrar do uso das mensagens-eu: "Tire os sapatos do sofá" transforma-se em "Olha lá! Estou preocupado que esses sapatos sujem o sofá!". "Escove os dentes" torna-se: "Aí, bonitão, é hora de escovar os dentes". Pergunte-se: *como eu diria isso ao filho do meu amigo?*

Outra maneira de evitar uma contínua investida a ordens é definir o limite por meio de uma única palavra, assim como faríamos com um amigo. Em vez de impor, como "Coloque o capacete para andar de bike", apontar o objeto e dizer: "Capacete".

Definir limites de forma lúdica

Não só podemos definir limites com menos severidade, como também adicionar uma pitada de diversão a eles. Atitude e energia são contagiantes, então, se conseguirmos ser um pouco divertidos, vamos iluminar o humor de todos e tornar as crianças menos resistentes aos nossos pedidos. Definir limites de maneira lúdica é uma ideia fantástica (quando a administramos com autenticidade) e, certamente, um músculo que podemos fortalecer com treino.

O psicólogo Lawrence Cohen, no livro *Playful Parenting*[21] (2001), escreve sobre como a brincadeira e a infantilidade nos ajudam a cultivar conexões mais próximas e a solucionar problemas. A regra? Se rirmos, estaremos agindo certo.

Aqui estão algumas sugestões de como atender às suas necessidades enquanto estabelece limites saudáveis de uma forma lúdica:

- **Crie um personagem.** "Agente especial mamãe se apresentando para o banho!" Você também pode se tornar um alienígena que acabou de chegar à Terra. Pergunte ao seu filho (com voz de E.T.): "O que são esses objetos? Quer me ensinar a arrumá-los?". Seja um cowboy, uma princesa, uma patricinha mimada e assim por diante. Defina limites de forma lúdica. É muito bom rir!
- **Seja do contra.** De um jeito meio bobo e exagerado, exija que seu filho faça exatamente o *oposto* ao que você deseja. "Não tome banho. Não! Sabe que odeio quando está limpo! Eca, está usando sabonete!" Às vezes, as crianças resistem aos nossos limites apenas porque se sentem oprimidas. Ser do contra permite ao seu filho que tenha algum poder.
- **Use uma linguagem boba ou cante músicas bobas.** Você ganha pontos de bônus se acrescentar uma dança! Use a sua melhor voz de robô e bipe como um: "Beep, bop! Hora do banho!". E por que falar se pode cantar? "Sapatos, sapatos, é hora de colocar os sapaaaaatoooos!" É muito mais divertido cooperar assim do que com nossas imposições costumeiras. Experimente (ao ritmo de *Ciranda cirandinha*): "Meu amor, meu amorzinho, vamos todos embora! Você está jogando e não quer, mas temos de ir agora!".
- **Conte uma história maluca.** Pode ser curta e meio bobinha. "Já te contei sobre o gatinho azul que não ficava ao lado da mãe no parquinho?" Provoque risos e encontre uma moral bem óbvia para a história.

---

21 Em tradução livre, "Parentalidade lúdica". (N. da T.)

- **Seja incompetente.** Crianças acham hilário quando você age como se não conseguisse fazer coisas elementares. "Ah, não, esqueci como ir embora deste parquinho e não encontro a saída! Será aqui? (colisão na árvore)"; "Hora de escovar os dentes! Ih, cadê minha boca? Aqui? (escova de dentes nas orelhas ou cotovelos)"; "Hora de dormir! Ai que cansaço! Vou deitar nesta cama confortável (deitar-se sobre a criança com cuidado)." Além de estimularem risos, essas situações colocam seu filho na posição de um adulto responsável ajudando você.
- **Use bonecos, brinquedos ou sua mão como personagem.** Existe um limite que lhe desperta situações mais problemáticas reiteradas vezes? Personifique-as com bonecos ou bichinhos de pelúcia. Deixe seu filho comandar a brincadeira e permita a resolução criativa de problemas ou a representação de papéis. Para estabelecer um limite, na verdade você sequer precisará de fantoches; basta usar sua mão como personagem lúdico.

Desejamos muito uma interação sincera com nossos filhos – e que persista com o passar do tempo. Invocando alguma energia para sermos brincalhões em vez de sérios e exigentes, haverá um senso lúdico nas atividades diárias. Conseguiremos estabelecer limites e desfrutar momentos positivos e risonhos que imaginamos quando nossos filhos eram apenas um brilho em nossos olhos.

DISCURSO AMOROSO E EFICAZ

Se até agora sua competência de comunicação não aflorou, não se culpe. Não se culpe nem constranja a si mesmo ou ao seu parceiro por velhos hábitos de fala. Vivemos geração após geração de imposições e ameaças. Mas, agora que sabemos mais, conseguiremos melhorar.

Também é desnecessário que crie mensagens-eu perfeitas ou uma voz de robô ideal para começar mudanças de forma positiva. Como com tudo mais na vida, você vai aprimorar essas novas competências com o tempo e a prática. Não desista se soarem estranhas no começo.

É normal. Prepare-se e continue praticando. É uma questão de *progresso*, não de perfeição.

Quando conseguir que essas competências façam parte de sua vida, perceberá cada vez menos resistência da criança. E, ao contrário de imposições e ameaças, usar mensagens-eu e definir limites lúdicos facilitará a parentalidade. Por quê? Porque seu filho vai aprender que pode confiar nos pais para ser tratado com respeito e consideração e então vai querer sinceramente cooperar. Uma comunicação mais competente promove o senso inato da empatia na criança, que passará a ver os pais como seres humanos de verdade, com sentimentos e necessidades próprias.

No entanto, mensagens-eu e limites lúdicos não são mágicos, isto é, nem sempre mudam um comportamento que interfere em suas necessidades. Às vezes, em razão da veemência infantil, haverá um conflito de interesses. Você saberá como lidar com essa situação no próximo capítulo.

Por ora, está começando a aprender uma nova linguagem de respeito, bondade e consideração. À medida que a incorporar na rotina, a criança vai assimilar essa competência e começará a usá-la por conta própria. Talvez demore um pouco; não se preocupe e continue praticando! A mudança será gradual, e isso vai fazer toda a diferença no mundo.

NESTA SEMANA, PRATIQUE...

- meditação sentada ou meditação de escaneamento corporal de cinco a dez minutos, quatro a seis dias por semana
- meditação de bondade amorosa, de quatro a seis dias por semana
- observância do uso de barreiras de comunicação
- mensagens-eu
- definição de limites de maneira lúdica

CAPÍTULO 7

SOLUCIONAR PROBLEMAS COM ATENÇÃO PLENA

> *Em vez de ensinarmos as crianças a como levar em conta suas próprias necessidades em relação às daqueles em torno delas [...] forçamos as crianças a fazerem o que queremos porque parece mais eficiente ou porque nos falta energia ou competência para agir de modo diferente.*
>
> OREN JAY SOFER

Eu havia acabado de sair do meu escritório para escrever isto quando vi minha filha mais velha vindo em minha direção: "Mamãe, estamos com problemas em casa, e papai me disse para eu buscar você". Iria descobrir que perdera grandes explosões emocionais. Encontrei minha caçula aos prantos nos braços do meu marido. As meninas estavam tendo problemas para compartilhar – como de hábito!

No passado, talvez eu agisse como juiz e júri, apenas comunicando, de uma posição superior, minha decisão. No entanto, ouvi cada filha refletidamente (às vezes, lembrando-lhes que não interrompessem a fala da outra). Depois de entender ambos os lados, saquei meu movimento de judô de parentalidade consciente: conversei sobre as necessidades de cada filha, sem impor soluções. As duas precisavam do sentimento de justiça! Assim que compreendemos isso, minhas filhas chegaram a uma solução.

Conflitos são normais e naturais na vida familiar, e sabemos que ocorrem com frequência. Na verdade, uma pesquisa mostrou que, entre irmãos, eles acontecem em média uma vez por hora, e que os pais têm um conflito com seu filho adolescente em média uma vez por dia (Bögels & Restifo, 2014). Resistimos muito aos conflitos, mas a aceitação de que são normais permitirá que nos livremos da irritação.

Você se lembra da equação "dor x resistência = sofrimento"? Portanto, entenda que conflitos são inevitáveis nas relações humanas. Não devemos nos sentir culpados, ou achar que a culpa é nossa quando os filhos brigam ou quando vivemos um conflito com nosso parceiro. Repito: conflitos são normais.

E por quê? Porque temos necessidades e, muitas vezes, tentamos satisfazê-las de um jeito que interfere nas necessidades do outro. Por exemplo, tenho intensa necessidade de algum tempo de silêncio, enquanto minha criança de seis anos tem necessidade de pular e liberar energia. Assim, se as necessidades do seu filho interferem nas suas, ocorre um *conflito de necessidades*. Permanecer focado e calmo, praticar a escuta reflexiva e usar as mensagens-eu o ajudam a navegar por muitas dessas situações. Mas o que fazer quando essas ferramentas não bastarem? Então, você precisará de diferentes competências de resolução de conflitos, assunto deste capítulo.

> Vimos que a meditação fomenta os níveis de bem-estar, a resiliência e o controle de impulsos. Suas sessões o levam a minimizar a resposta ao estresse e a reagir com equanimidade e empatia aos problemas inevitáveis. A meditação de atenção plena é o alicerce da nossa competência para resolver conflitos, pois nos auxilia a uma atitude mais compassiva, atenciosa e baseada em nossa interação social.

RESOLUÇÃO CONVENCIONAL DE CONFLITOS

Como nós, pais, agimos nas situações em que precisamos que nossos filhos façam alguma coisa, mas nossos esforços para uma comunicação competente não funcionam? Em geral, "pisamos firme" para impor nossa solução; resultado: alguém "ganha", com as necessidades satisfeitas, e outro "perde". Dependendo da nossa abordagem, o resultado pode acabar nos servindo, por exemplo, se adotarmos um estilo autoritário de parentalidade.

Parentalidade autoritária e conflito

Nesse estilo de abordagem, os pais, de uma posição de superioridade, comunicam a solução aos filhos, ou seja, estabelecem a lei e cabe às crianças apenas obedecer.

Os estilos autoritários de parentalidade se assentam na crença de que o desenvolvimento das crianças será apropriado se forem punidas pelos maus comportamentos e recompensadas pelos bons. O objetivo é ensinar os filhos a cumprirem todas as exigências dos pais. E eles obedecem para evitar o castigo, que vem dos pais, detentores do poder, impingindo-lhes sofrimento físico ou psicológico. Essa situação talvez soe como uma abordagem familiar e sensata. No entanto, os pais que a adotam pagam um alto preço pela obediência.

Há oito anos, se alguém me dissesse que eu não recorreria a castigos com minhas filhas, pensaria que era doido. Como iria controlá-las? Lembro-me de uma nova família na vizinhança que não recorria a castigos ou cantinho da disciplina[22] e eu achava que estavam em transe. Eu *não* seria o tipo parental que deixaria as filhas fora de controle. O engraçado é que agora não mais recorro a castigos e... minhas filhas não são indisciplinadas, muito obrigada.

Havia dois problemas com minhas ideias passadas sobre castigo: (1) não percebia o que ele ensinava às crianças; e (2) eu não tinha nenhum modelo alternativo claro para substituí-lo.

---

22 O *time-out* é uma estratégia, não um castigo, cujo objetivo é acalmar não só a criança, mas também os pais. Consiste em retirar a criança de onde está ocorrendo um episódio problemático e levá-la para um outro local, onde ela fique sentada e sem distrações. Habitualmente, o tempo de *time-out* deve corresponder a um minuto para cada ano de idade da criança. (N. da T.)

O que as crianças aprendem com o castigo

Na verdade, ele não ensina nada de útil aos nossos filhos. A abordagem autoritária parte da seguinte premissa: se punirmos as crianças por mau comportamento, elas perceberão seus erros e agirão de modo correto. Mas recorrer a castigos apenas ensina aos nossos filhos que a pessoa com mais poder vence, justo ou não (isso significa que os detentores do poder impõem a própria solução aos mais vulneráveis).

- **Castigo gera ressentimento.** O medo da punição vence no curto prazo, mas, no longo prazo, recorrer a castigos minimiza a tendência da criança à cooperação, pois ela aprendeu a se ressentir com o punidor – você. Essa raiva e ressentimento se desenvolvem por dentro e desgastam a ligação mais próxima com nossos filhos.
- **Castigo pode ser psicologicamente prejudicial.** Castigos – físicos e verbais mais agressivos (gritos) – podem ter efeitos prejudiciais prolongados nos nossos filhos. O castigo físico, por exemplo, palmadas, é extremamente prejudicial. Acumulam-se evidências de que ele se associa a agressão verbal e física; comportamento delinquente, antissocial e criminoso, os piores elementos das relações pais-filhos; saúde mental prejudicada e mais tarde abuso do próprio cônjuge e dos filhos (Gershoff et al., 2010).

    Gritos também são graves. Um estudo longitudinal envolvendo 967 famílias descobriu que a disciplina verbal severa no início da adolescência tem reflexos mais tarde, pois aumenta o risco de mau comportamento na escola, as mentiras para os pais, os roubos ou as brigas. E mais, a hostilidade dos pais fomenta o risco de delinquência e estimula raiva, irritabilidade e beligerância em adolescentes (Wang & Kenny, 2013). Conclusão: gritar piora o comportamento.
- **Castigo fomenta o egocentrismo infantil.** A punição leva o foco das crianças para as "consequências" que sofrem, não para as consequências do seu comportamento em relação a

outras pessoas. Como resultado, nossos filhos serão mais egocêntricos e menos empáticos, pois aprenderam a prestar atenção a si mesmos e a culpar os outros. Sentindo-se injustiçados e ressentidos, evitam fazer reparações.
- **Castigo ensina as crianças a mentir.** Querendo evitar punições futuras, elas irão se esgueirar e mentir para escapar dos castigos, que, dessa forma, fomentarão a desonestidade.
- **Castigo não ensina bom comportamento às crianças.** Em vez de aprenderem o certo, assimilam que, se errarem, serão chamadas de "malvadas" e acabarão magoando-se de alguma forma (se forem pegas). Também não aprendem como levar em consideração os sentimentos alheios porque estão focadas no próprio sofrimento (decorrente do castigo). Portanto, motivadas tão somente a *evitar o castigo*, elas perdem muitas oportunidades de desenvolver sua bússola moral interior. Além disso, irão imitar nosso comportamento dominador e aprenderão a usar o próprio poder sobre outras pessoas mais vulneráveis. Não saberão pensar nas suas necessidades ou nas dos outros, ou em como essas necessidades podem ser atendidas com justiça e respeito.
- **Castigo minimiza nas crianças a tendência à cooperação.** Castigos – até mesmo cantinho da disciplina – desgastam nosso relacionamento com os filhos, minimizando as chances de que queiram colaborar conosco. Como a eles não foi dada escolha para a solução do conflito, não se motivam a procurá-la. Os pais têm de ser o "executor". Resultado: filhos ressentidos e com raiva dos pais, consequentemente menos cooperação. Seu filho o identifica como a causa do sofrimento e, portanto, sente ainda mais raiva e ressentimento.

Se a punição não funciona, como resolveremos nossos problemas e teremos nossas necessidades atendidas? Alguns pais acreditam que a resposta está em permitir aos filhos ditarem as regras, adotando um estilo *permissivo de parentalidade*.

Parentalidade permissiva e conflito

Você acredita que as crianças são inerentemente boas e que sabem o que é melhor para elas? Ou, já cansado dos conflitos, decidiu que podem fazer o que quiser? Ambas as atitudes talvez o levem a adotar um estilo de parentalidade permissiva.

Nos conflitos entre pais permissivos e filhos, a questão do ganhar e perder se inverte: as crianças saem vencedoras. A parentalidade permissiva tende a tornar os filhos mais egocêntricos, menos capazes de se autorregular e mais expostos ao risco de usar drogas. Ainda que alguns filhos de pais permissivos se sintam psicologicamente mais seguros do que os de pais autoritários, o comportamento deles com frequência foge do controle (Lewis, 2018).

É curioso que, como os filhos de pais muito autoritários, os de pais exageradamente permissivos também perdem oportunidades de aprender duas competências vitais para a vida: *empatia* e *autodisciplina*. Afinal, com todas as suas necessidades atendidas à custa dos pais, as crianças aprendem o egocentrismo. Como os pais nunca manifestaram suas próprias necessidades, os filhos não aprendem a levar em consideração as alheias. Sem limites saudáveis, eles não desenvolvem comedimento ou autodisciplina, elementos centrais de todos os empreendimentos de sucesso. Uma criança sem muita empatia ou autodisciplina é criada para uma vida de provações.

SOLUÇÃO DE CONFLITOS POR MEIO DO EQUILÍBRIO DAS NECESSIDADES

Ambas as abordagens de parentalidade – autoritárias e permissivas – encaram a solução de conflitos como um jogo de resultado zero: uma parte ganha e a outra perde. Uma pessoa tem todo o poder, e a outra não consegue atender às suas necessidades. O problema dessas abordagens é o fato de permanecerem no nível superficial das soluções, sem atingirem o nível mais profundo de compreensão das necessidades uns dos outros. Mas quase sempre é possível encontrar maneiras de satisfazer cada parte para que todos ganhem.

Esses extremos da parentalidade nos ajudam a saber que a resolução de conflitos familiares é bem mais complexa do que apenas exigir obediência ou satisfazer a vontade dos filhos. A maneira como resolvemos conflitos reflete nossas visões mais profundas sobre a humanidade, as quais transmitimos de modo inconsciente às nossas crianças. Somos inerentemente bons ou pecadores? Vivemos em um mundo onde todos temos de lutar para que nossos desejos sejam satisfeitos? Sempre obedecemos aos mais poderosos?

Agora vamos mudar as perguntas: como encontraremos o meio-termo de modo que as necessidades de todos sejam atendidas? Como demonstraremos que, com um pouco mais de esforço e compreensão, todos podemos ganhar?

Acredito que disciplina é a palavra-chave, o que não significa obediência por meio de castigo, mas por meio de ensino, orientação e modelagem. As raízes latinas dessa palavra são: *disciplina*, que significa "ação de instruir, educação, conhecimento", e *discipulus*, que significa "aluno, estudante, seguidor". Que método de solução de problemas queremos modelar, se objetivamos que nossos filhos sejam adultos emocionalmente saudáveis e bem ajustados?

Compreender os conflitos entre pais e filhos em termos de necessidades

Quando os comportamentos dos nossos filhos nos frustram, irritam e aborrecem, precisamos saber que eles estão tentando atender a alguma necessidade própria. Se minha filha caçula interrompe várias vezes o diálogo com meu marido, isso significa que a vontade de atenção dela está interferindo na minha de conversar com meu parceiro. Como agir? Minha prática de meditação me mantém aterrada e menos reativa. A mensagem-eu também ajuda: "Você interrompe a toda hora e me irrito porque não consigo ouvir o que papai está falando". Mas e se ela insistir nesse comportamento? Como resolver esse conflito de necessidades?

A maioria das pessoas tem soluções bem conflitantes sobre como resolver problemas desse tipo. A da minha filha é que eu pare de falar; a minha é que ela fique quieta e me deixe falar. Facilmente ficamos presos em situações assim. No entanto, se conseguirmos nos unir com o objetivo de atender às expectativas subjacentes de todos, o conflito com frequência será solucionado em paz.

Quando a conversa chega no nível das necessidades, uma solução óbvia quase sempre aparece. Para isso, às vezes basta uma simples conversa durante o conflito (se houver estabilidade emocional suficiente), ou às vezes um diálogo mais estruturado depois que todos se acalmarem. Em muitos conflitos pequenos, como aquele em que minha filha me interrompia a todo instante, devemos conversar com nossos filhos para descobrir o que desejam no momento.

Interagir durante um pequeno conflito

A resolução do conflito começa com um processo de tentativa de interação, então viro meu corpo para a minha filha, toco com suavidade a roupa dela, estabeleço contato visual e transmito minha mensagem: "Você interrompe a toda hora e me irrito porque não consigo ouvir o que papai está falando". Se ela insiste, então sua necessidade é intensa. Ouço-a reflexivamente, imaginando o que seja: "Parece que você está muito preocupada com o fato de eu continuar falando e deixá-la de lado; acho que tem alguma coisa muito importante para me dizer". Quando ela confirma, sugiro uma solução que atenda nós duas: "Tudo bem, não vai demorar muito; vou terminar de conversar com o papai e depois dou atenção a você. Se quiser, cutuque meu ombro para eu não esquecer". Aí, ela fica satisfeita e ambas as necessidades são atendidas.

Resolver problemas com base no "ganha-ganha"

Algumas vezes vivenciamos conflitos mais difíceis, e ajuda muito recorrermos a processos confiáveis e eficazes; um deles é o denominado "ganha-ganha". Aqui estão os cinco passos:

1. **Identifique** *necessidades,* não soluções.
2. **Faça um brainstorming** de quantas soluções ambos os lados conseguiram imaginar.
3. **Avalie** a que atenderá às suas necessidades.
4. **Decida** quando e quem fará o quê.
5. **Verifique** se as necessidades dos envolvidos foram atendidas.

Esse processo incorpora o benefício inerente de justiça, pois importam as necessidades de todos, as quais devem ser atendidas. Sem que exista um lado impondo sua solução para o outro, fomentam-se sentimentos de amor e respeito na família, em vez de ressentimento. Entenda como fazer esse processo funcionar:

1. **Identifique as necessidades.** Comece anotando os desejos de todos. Registre-os no papel para que seu filho veja que as vontades e as soluções dele são reconhecidas. Mesmo que sua criança ainda não leia, ela vai adorar ver suas necessidades transcritas – e melhor ainda se o papel for bem grande!

   O aspecto mais difícil e desafiador dessa etapa é *separar as necessidades das soluções*. É comum que, ao usarem a palavra "necessidade", as pessoas na verdade se refiram a algo não expresso. Por exemplo, seu filho pode dizer: "Preciso de um celular". Esta é uma solução, não uma necessidade. Para descobri-la, pergunte: "O que o celular fará por você?"; perceba que este é um jeito gentil e assertivo de ajudar a criança no esclarecimento dos motivos de seus desejos. Nesse caso, talvez seu filho precise de independência e interações com os amigos.

Depois de descobrir a necessidade subjacente, anote-a.

2. **Promova um brainstorming.** Incentive seu filho a apresentar o máximo de ideias possível, sem julgá-las. Escreva todas, mesmo que sejam esquisitas (como "criar um robô para cozinhar"). A criança vai apreciar ver que as ideias dela são levadas a sério, e mais: é uma ótima maneira de tornar o processo leve! *Não emita avaliações durante o brainstorming.* Apenas escreva.

3. **Avalie.** Use este sistema simples para passar pela lista de ideias rapidamente:

    ✔ Um sinal de confirmação nas soluções com as quais todos concordam.
    ✘ Um X nas soluções que ninguém quer ou são inviáveis.
    ? Um ponto de interrogação nas soluções com as quais nem todos concordam.

    Esse sistema de verificação ajuda a passar pela lista com rapidez. (Nesse momento, você já estará orientado para a solução, mas continue.) Em seguida, retome os itens marcados com um ponto de interrogação. Verifique se atendem de fato às necessidades de todos.

4. **Tome decisões.** Discuta as soluções usando mensagens-eu e escuta reflexiva. Se for preciso, encontre novas soluções. Depois de escolher uma (ou várias), redija seu plano: decida quando e quem fará o quê.

5. **Faça o check-in.** Concorde em fazer o check-in da solução mais adiante para verificar se ela ainda atende às necessidades de todos. Caso tudo esteja bem, enfatize como o problema foi resolvido com um trabalho conjunto. Se não houve ainda nenhum acordo, promova outra rodada de "ganha-ganha".

Se você desconhece esse processo de solução de problemas, talvez ele soe meio assustador no início. Portanto, sugiro-lhe que, na primeira vez, recorra a ele usando um problema *positivo*.

EXERCÍCIO

O processo "ganha-ganha" com um problema positivo

Um excelente momento para levar o "ganha-ganha" à sua vida é usá-lo em um problema positivo, por exemplo, aonde ir nas próximas férias ou o que fazer no fim de semana. Veja como:

Determine uma decisão positiva que envolva a opinião de todos. Convide seus filhos para uma conversa e tenha à mão um grande pedaço de papel. Relate o problema ("Temos dois dias livres no próximo fim de semana e gostaríamos de decidir o que fazer").

1. Identifique suas necessidades (por exemplo, "Preciso cuidar do meu corpo com atividades físicas"). Pergunte as de cada pessoa ("Você acha que precisa do quê?). Escreva tudo. *Certifique-se de traduzir as soluções em necessidades subjacentes* com perguntas do tipo: "O que isso fará por você/por mim/por nós?".
2. Faça um brainstorming de ideias, anotando cada uma. *Não as avalie ainda!*
3. Assim que todas as ideias estiverem disponíveis, use o sistema de sinais ✓, ✗, ? para passar rapidamente por cada uma. Pratique o aterramento, a escuta reflexiva e use mensagens-eu quando for preciso.
4. Escolha o que atenda às necessidades de todos. Escreva tudo para que seus filhos vejam as ideias deles no papel.
5. Não se esqueça de fazer o check-in! Depois do fim de semana, retome suas anotações e converse com todos, visando confirmar se as necessidades foram atendidas. Esta etapa mostra que a opinião das crianças é levada a sério e que seus desejos são importantes.

Desse modo, haverá mais chances de cooperarem de livre vontade no futuro, inclusive numa situação mais acalorada emocionalmente.

Problemas com o "ganha-ganha"

Se seu filho já está habituado a resistir às suas exigências e a se ressentir com as soluções impostas, ele talvez não acredite que as necessidades dele serão levadas a sério. É bem provável que você sinta dificuldades com as etapas iniciais desse processo, mas comece e estimule seu filho. Por quê? Você se lembra do trem indo a todo vapor na outra direção (resistência)? Pois é, está acontecendo a mesma coisa. Se for preciso, converse com seu filho e o convença a participar do "ganha-ganha".

Praticar esse método com problemas positivos antes de usá-lo com conflitos ajudará seu filho a entender como funciona. Quando aflorar um conflito, diga à sua criança que você deseja falar sobre o problema no futuro. Se nunca usou o "ganha-ganha" antes, explique com brevidade o método e garanta a seu filho que ambos precisam se sentir felizes com os resultados. Esteja preparado para a escuta reflexiva! Depois, concorde em recorrer a esse jogo em outro dia. Escolha um horário em que ninguém esteja com fome, irritado ou cansado.

Outro problema comum é avaliarmos as ideias durante o brainstorming. Ainda que seja um hábito natural fazer isso enquanto elas afloram, pratique a autocontenção! Não deixe a avaliação intervir no processo, pois interromperá o fluxo de ideias. Explique isso a seu filho e ajude-o a praticar a contenção também.

Depois que você e sua família praticarem o "ganha-ganha" várias vezes, ele será muito simples para todos, com sessões mais rápidas e dinâmicas. Entretanto, no início, pode levar algum tempo para surtir efeito, como acontece com qualquer coisa nova que aprendemos. O processo não ocorrerá sem problemas, então, espere também algumas colisões. Use suas ferramentas de comunicação para atuar como um mentor e um guia da família. Modele a escuta e a fala compassivas. A prática de meditação o ajuda a manter o foco e a estabilidade.

Benefícios do "ganha-ganha"

Esse processo de solução de problemas não significa a *obtenção* do que almejamos, mas lembremos que as crianças têm mais tendência à cooperação quando suas necessidades estão sendo atendidas. E mais, elas apreciam participar da tomada de decisões. No lugar do sentimento de impotência resultante de ordens e exigências constantes, o "ganha-ganha" empondera as crianças na fala e na consideração pelos outros, uma valiosa competência na vida!

Quando pensamos nas mensagens mais profundas implícitas nesse método, vemos que ele nos ajuda na orientação das crianças para que trabalhem mais cooperativamente com outras pessoas no futuro. Além disso, por meio do "ganha-ganha" elas aprendem a considerar as necessidades alheias pela empatia e tomada de perspectiva[23]. Em razão de o método envolver diálogos constantes, as crianças aprendem a manifestar suas discordâncias em vez de usarem o poder. Imagine como seria o mundo se todas as crianças crescessem com esses valores!

Lidar com conflitos entre irmãos

Como você deve saber por experiência própria (se tiver irmão ou irmã), os conflitos entre irmãos são normais e frequentes. Precisamos aceitar essa realidade sem assumir os problemas deles como nossos para conseguirmos resistir às tempestades e ajudá-los a superá-las. Esses relacionamentos afetam nossa vida e não são fáceis.

---

23 Tomada de perspectiva é a habilidade de um indivíduo de entender perspectivas diferentes das dele. (N. da T.)

Como ajudamos crianças pequenas na manifestação de suas necessidades, na autodefesa e na escuta dos irmãos? Como ajudamos ao mesmo tempo duas ou três criancinhas a lidarem com emoções intensas? Como criamos uma cultura familiar de cooperação e apoio para que o amor entre irmãos floresça?

Felizmente, há maneiras comprovadas de promover um início positivo nos relacionamentos entre irmãos e mantê-los no caminho certo para uma boa convivência no futuro. Como? Dando-lhes competências que os ajudem a compreender e expressar as próprias emoções enquanto navegam em seus relacionamentos com outras pessoas. Em *Peaceful Parent, Happy Siblings* (2015)[24], a dra. Laura Markham compartilha três princípios para criar irmãos pacíficos: fazer nossa própria autorregulação, priorizar a conexão com eles e atuar como "coach, e não controlador".

- **Crie um alicerce de autorregulação.** Não conseguimos controlar completamente as crianças, mas podemos alterar os padrões familiares por meio da mudança dos nossos pensamentos, palavras e ações. A modelagem é a forma mais poderosa de ensino, e a autorregulação, nosso trabalho mais difícil, é o ingrediente essencial para criar relacionamentos pacíficos entre irmãos. É aqui que nossas práticas de atenção plena entram em ação: RAIN para lidar com nossos sentimentos difíceis, além de respirações lentas e profundas. Lembre-se de que a melhor maneira de regularmos nossos sentimentos é por meio da prática de meditação diária, que traz mais calma e equanimidade à nossa vida.

  Filhos de pais que regulam as emoções aprendem a administrar os próprios sentimentos e, portanto, o próprio comportamento, inclusive quanto aos irmãos. Eles se acalmam com mais facilidade e, portanto, desgastam-se menos.
- **Priorize a interação com cada filho.** Não fique tentando descobrir quem está certo; não seja juiz e júri dos conflitos dos

---

[24] No Brasil, publicado com o nome *Pais e mães serenos, filhos felizes*. (N. da T.)

filhos. Em vez disso, assuma seu objetivo principal que é o de manter uma interação calorosa com cada criança. Conexão é o que as motiva a seguir nossa orientação. Não devemos obrigar alguém a fazer alguma coisa pela força. Nossos filhos têm de *escolher* fazer o que pedimos. Crianças que se sentem conectadas têm mais probabilidade de cooperar com os pais e são mais generosas com os irmãos.

- **Seja coach e não controlador.** Em vez da força, o coach recorre à influência, ensinando as crianças a darem o melhor de si. Por outro lado, controlar é forçar uma criança a se comportar como você gostaria, usando ameaças e castigos. Crianças criadas com base na punição aprendem a usá-la contra os irmãos para maximizar a própria posição e o poder, o que as incentiva à bisbilhotice. Quando punimos irmãos por brigarem uns com os outros, abrimos caminho para o aflorar de ressentimentos mútuos e vinganças.

Pense em você como um coach das crianças. Ao decidir o momento da intervenção, um coach avalia as habilidades e as competências dos jogadores. Ele intervém quando as crianças estão aprendendo e depois minimiza essa intervenção. Conforme os irmãos crescem e aprendem a lidar com os próprios problemas, você deve se afastar e dar a eles a valiosa experiência da autonomia. As crianças precisam cometer erros e aprender com eles. (No entanto, se em um determinado momento você se preocupar com a segurança, é sempre uma boa ideia intervir.)

Como nos tornamos coaches? O primeiro e fundamental movimento é fazer uma pausa. Reserve um momento para respirar profundamente e centrar-se para então agir cuidadosamente em vez de apenas reagir. Se tiver êxito, o restante virá com mais facilidade!

O que vamos falar quando as crianças estiverem brigando? Lembre-se da comunicação competente dos capítulos anteriores. Em vez de recorrer a imposições, ameaças, julgamentos e outras barreiras de comunicação, reconheça o fato. Use mensagens-eu e escuta reflexiva. Reconhecimento e descrição do que você vê pode tranquilizar a situação.

> ### Lidar com conflitos entre irmãos: uma "colinha"
>
> 1. Faça uma pausa, respire e concentre-se. Diga a si mesmo: "Estou ajudando meus filhos".
> 2. Diga o que você vê. Reconheça o fato, descreva-o sem julgamentos.
> 3. Prepare seus filhos para manifestarem necessidades e sentimentos próprios.
> 4. Lembre-se de que você não precisa resolver todos os problemas das crianças.
>
> Escreva essas etapas em Post-its e espalhe-os estrategicamente pela casa.

Ao ajudar seus filhos a lidarem com os conflitos, estimule-os a ir da camada das soluções para a camada das necessidades. Como agir? A seguir, estão alguns exemplos.

Em vez de: "Parem de lutar! Se não pararem, irão para o quarto!", tente: "Que gritaria! Você parece bem irritado. Não vou permitir que bata no seu irmão. Você pode lhe dizer como se sente e o que está precisando dele?".

Em vez de: "Nada de pedaços de pau! É perigoso; entregue-o para mim!", tente: "Uau! Estou preocupado com esse pedaço de pau e parece que sua irmã também. Você poderia levá-lo para longe ou colocá-lo no chão".

Em vez de: "Eu já disse três vezes para parar de cutucar seu irmão! Vá para o quarto", tente: "Olhe para o rosto do seu irmão... Ele não gosta dessa cutucada toda. E eu não gosto das vozes altas, fico tenso. Não vou permitir que você o machuque. Você está precisando de que agora?".

Quando há mais de um filho chateado

Inexistem respostas fáceis quando todos os filhos precisam de você ao mesmo tempo, afinal, não será capaz de resolver todos os problemas ou confortar todas as mágoas. No entanto, um esforço nesse sentido já ajuda muito a modelar, em nossos filhos, empatia e preocupação pelos outros.

Você *deve* respirar, mantendo-se tranquilo e aterrado durante o momento. Se precisar, reserve um tempo para se acalmar. Aqui estão algumas táticas para lidar com situações complexas.

- **Quando ambos os filhos precisarem de você ao mesmo tempo, tente atendê-los,** o que nem sempre é fácil, mas muitas vezes é possível. Descreva o que está acontecendo: "Tenho dois filhos chateados e sofrendo! Venham aqui, há espaço de sobra em meus braços. Chorem à vontade, depois vamos resolver esta situação".
- **Se você precisa atender primeiro um filho, fale com o outro.** Talvez seja o caso de um ferimento físico e de cuidados imediatos, mesmo o outro estando emocionalmente ferido: "Filho, sei que você está sofrendo e precisa de mim, então logo estarei aí. Agora estou cuidando do joelho do seu irmão; depois vou ajudar você".
- **Primeiro cuide dos sentimentos.** Quando emoções intensas afloram, os centros cerebrais de aprendizagem se desligam, e é um péssimo momento para resolver problemas – não tente fazê-lo de imediato. Depois que todos se acalmam, com os sentimentos já manifestados e reconhecidos, estimule cada um dos seus filhos a falar sobre o que está precisando no aqui e agora.

Começar de Novo: uma ferramenta para promover a proximidade em um conflito

Independentemente da nossa competência e "pés no chão", viveremos conflitos e problemas familiares. As ferramentas da meditação da atenção plena, da bondade amorosa, da escuta reflexiva, das mensagens-eu e muitas outras minimizarão o número e a gravidade desses conflitos, mas eles continuarão ocorrendo. No entanto, eles nos aproximam ainda mais quando usamos esses momentos como oportunidades para sermos autênticos e vulneráveis, unindo-nos para reparar os danos causados.

Em um retiro com Thich Nhat Hanh conheci o Começar de Novo, prática dirigida a restaurar um relacionamento, inclusive com uma criança. Ela nos ensina a olhar profunda e sinceramente para nós mesmos e nossas ações, palavras e pensamentos passados, considerando o momento como um novo começo para nós e para nosso relacionamento com os outros.

O Começar de Novo tem três partes: reconhecer as qualidades alheias, manifestar/compartilhar arrependimentos e expressar mágoas e dificuldades. Faça isso para si mesmo ou escreva uma carta com os fundamentos dessa prática caso seu filho já leia.

- **Parte 1: reconhecer as qualidades dos outros.** Essa é uma oportunidade para valorizar os pontos fortes e contribuições do outro e estimular o desenvolvimento das qualidades positivas. Se for o caso, relate casos específicos em que alguém disse ou fez algo que você apreciou. Esta primeira etapa mostra que você reconhece aspectos fantásticos na pessoa.
- **Parte 2: manifestar/compartilhar arrependimentos.** Essa é a sua oportunidade de mencionar quaisquer ações, palavras ou pensamentos que lhe causaram desconforto e pelos quais ainda não conseguiu se desculpar. Por exemplo, diga: "Desculpe ter falado que você era egoísta. Eu errei e sei que meu comentário o magoou; eu não deveria ter falado daquele jeito".
- **Parte 3: expressar mágoas e dificuldades.** Nesse momento, você compartilha como se sentiu magoado por alguma

palavra ou ação da outra pessoa. Use mensagens-eu. Não ataque ou culpe. Fale ou escreva sobre suas mágoas com calma, sem exagero, reprovação, acusação ou desespero. Manifeste-se com o coração, evitando as barreiras de comunicação discutidas no Capítulo 6.

EXERCÍCIO

Redija uma carta de Começar de Novo

Escreva e envie uma carta (ou um e-mail) de Começar de Novo para alguém que você ama. Depois, anote a experiência em seu diário "Criando bons humanos". Qual a reação da pessoa? A carta os aproximou?

Observação: use apenas as duas primeiras etapas de Começar de Novo (reconhecimento de qualidades e manifestação de arrependimentos) quando não tiver nenhuma mágoa ou dificuldade específica para discutir.

Começar de Novo nos fornece uma base para uma comunicação competente, sem recorrermos àquela linguagem antiga e inepta. O objetivo é restaurar o relacionamento. Quando conquistamos um relacionamento mais forte com nossos filhos, nossa influência sobre eles também se intensifica.

Use o processo de Começar de Novo com muitos relacionamentos diferentes. Escrevi cartas para meus pais, o que ajudou nossa união de um modo mais autêntico. Tive uma cliente que usou o processo com alguém em uma posição superior no trabalho, o que a ajudou muito em sua rotina profissional! Considere recorrer a essa ferramenta poderosa em todos os relacionamentos.

O PODER DA INFLUÊNCIA

Conforme deixamos de lado o poder controlador sobre as crianças, maximizamos nossa influência – um benefício que apreciaremos à medida que nossos filhos crescem. Acredito que a revolta adolescente não significa uma reação contra os pais, mas contra os métodos de disciplina ineptos ou severos que eles usam. Depois de anos de resistência interna e ressentimento, conforme nossos filhos conquistam mais independência na adolescência, eles naturalmente se rebelam contra o jeito autoritário dos pais. Entretanto, se conseguirmos minimizar o uso do poder controlador e desse modo maximizar nossa *influência*, as crianças estarão mais propensas a confiar em nós e a adotar uma postura mais aberta a nossas opiniões. Resultado: relacionamentos mais intensos, mais próximos e mais cooperativos. Tudo depende de como lidamos com os conflitos inevitáveis que afloram no decorrer da infância.

O trabalho conjunto na resolução dos problemas e no reconhecimento das necessidades de cada um é o caminho para que os conflitos aproximem a família. Conflitos não resolvidos e negligenciados podem intoxicar um relacionamento. As crianças costumam nutrir antigas mágoas e distorcer os motivos dos pais se o conflito não for discutido. Com uma discussão amorosa e desprovida de julgamentos, nossos filhos aprendem que são vistos e ouvidos e levados a sério. A confiança deles em nós cresce e se edifica com o tempo, e ainda aprendem a ouvir e ter empatia com nossas próprias necessidades.

Porém, nem sempre funcionará. Você ainda vivenciará momentos em que usará o poder, o que talvez em determinadas situações seja a escolha mais competente. No entanto, quanto menos usá-lo – e quanto mais abordar os problemas em termos de satisfação das necessidades –, mais forte será seu relacionamento com os filhos e mais acentuada sua influência.

Os filhos precisam de nossa influência nos anos tumultuados da adolescência. À medida que caminham rumo à independência, quando a vida parece incerta, precisam que estejamos com eles como guias e mentores. As ferramentas deste capítulo ajudarão você e seus filhos a resolverem de modo competente os problemas, sem comprometer o relacionamento, o que o auxiliará a manter as linhas de comunicação abertas para quando seus filhos mais precisarem de você.

O alicerce dessa abordagem se assenta em sua *intenção* de estar presente e curioso, ou seja, de ajudar seus filhos. Nos momentos complicados, não aja imediatamente. Faça uma pausa, esteja no aqui e agora e dê a si mesmo a chance de uma reação hábil e compassiva. A que necessidade seu filho está tentando atender? E quais são as que você tem?

Mudar para esse ponto de vista provavelmente será libertador. Ao recorrer à prática "ganha-ganha" de solução de problemas, você não precisa ser juiz e júri dos seus filhos. Não precisa ter todas as respostas o tempo todo. Conquistará um relacionamento de pessoa para pessoa, terá suas necessidades atendidas e ajudará a satisfazer as deles. No próximo capítulo, compartilharei mais algumas ferramentas que o ajudarão a corroborar com um lar mais tranquilo.

NESTA SEMANA, PRATIQUE...

- meditação sentada ou meditação de escaneamento corporal de cinco a dez minutos, quatro a seis dias por semana
- meditação de bondade amorosa, de quatro a seis dias por semana
- solução de problemas "ganha-ganha"
- redação de uma carta Começar de Novo

CAPÍTULO 8

ESTIMULAR A VIDA EM UM LAR TRANQUILO

Os maiores presentes que você pode dar a seus filhos são as raízes da responsabilidade e as asas da independência.

DENIS WAITLEY

Todos os dias, quando minhas filhas descem do ônibus escolar, tento estar lá. E por "estar lá" quero dizer estar de fato presente, da melhor maneira que conseguir, deixando de lado minhas preocupações, focando-me e buscando minha tranquilidade corporal. Abraço as duas e digo: "Que felicidade ver vocês!". E é verdade. Minhas meninas precisam saber que iluminam meu mundo e que estou lá para elas. Depois de brincarem um pouco por ali, com os vizinhos, perto do ponto de ônibus, voltamos para casa. Sei que a força do relacionamento está nesses pequenos momentos, no ritmo e nos rituais que assinalam cada dia.

Como visto, a parentalidade atenta não é uma técnica que busca um resultado, mas envolve construir um *relacionamento* amoroso para a vida toda. Nossas interações são a única maneira de cultivar a cooperação voluntária. Crianças querem nos agradar quando tratadas com amor, compaixão, respeito – e quando os níveis de estresse não são muito altos.

Como cultivar uma intensa conexão e manter o equilíbrio no dia a dia? As competências que abordamos até agora – meditação de atenção plena, desarmamento de gatilhos, bondade amorosa, escuta reflexiva, mensagens-eu e solução de problemas com atenção plena – já constituem um roteiro para um relacionamento forte. Neste capítulo, compartilharemos outros hábitos que fortalecerão o vínculo com os filhos e estimularão a vida em um lar tranquilo.

CULTIVE A CONEXÃO CONSCIENTEMENTE

O relacionamento com nossos filhos é a cola que nos mantém unidos, o alicerce para criar um ser humano bom. Por essa razão, a prioridade está em trabalhar atenção plena e autocompaixão e assim garantir nosso aterramento para nos conectarmos e mostrarmos esse amor. Quanto mais os filhos vivenciam o amor incondicional, mais seguros e tranquilos se sentem. Quando veem o amor em nossos olhos, sentem-se valorizados e nos valorizam. Sentem-se confiantes e confiam em nós.

Esse processo amoroso cria um ciclo de feedback positivo, facilitando a parentalidade ao longo do tempo. A criação de relacionamentos intensos não depende apenas do uso das ferramentas apresentadas nos capítulos anteriores, mas também de investirmos intencionalmente nosso tempo e nossa atenção no cultivo de uma conexão amorosa.

Conectar-se pelo toque físico

Recentemente, minha filha de oito anos se aborreceu comigo e não havia ninguém para confortar seu choro. Quando me aproximei, ela disse: "Vá embora!", mas fiquei lá e sentei-me acariciando suas costas. Mesmo eu sendo o centro do problema, o toque afetuoso a acalmou até que enfim veio para o meu colo. O aconchego foi uma ação que a tranquilizou e a levou a controlar os próprios sentimentos.

Ser tocado e tocar são modos importantes de interação humana. O toque físico positivo constitui uma maneira poderosa de comunicar afeto, cuidado e preocupação. Abraços, beijos e carinhos reafirmam nossa presença para as crianças, minimizam a reação ao estresse e as ajudam a controlar as emoções.

Há limites para o toque amoroso? É de Virginia Satir, "mãe da terapia familiar", a famosa frase: "Precisamos de quatro abraços por dia para sobreviver. Precisamos de oito abraços por dia para nos manter. Precisamos de doze abraços por dia para crescer". Faça de muitos abraços e aconchegos um hábito desde cedo com as crianças, e provavelmente contará com a proximidade delas à medida que crescerem. Embora seja raro agora ficar de mãos dadas com minha filha de onze anos, ela ainda se aconchega em mim em busca de afeto físico.

Afagos e abraços são formas vitais de toque físico que as crianças desenvolvem, mas você sabe que brigas e lutas também são excelentes? Laurence Cohen, psicólogo e especialista em brincadeiras, diz que as brincadeiras lúdico-agressivas podem ajudar as crianças a expressar seus sentimentos, aprender a controlar os impulsos e fomentar a confiança.

Como fazer isso? Em seu livro *Playful Parenting* (2001, p. 101), ele explica de modo simples aos pais: "Você diz: 'Vamos lutar!'. Seu filho pergunta: – Como assim? – Você responde: – Use toda a força para tentar me manter de costas, com os ombros no chão (ou, tente passar por mim no sofá, mas não pode trapacear, tem de usar toda a força para passar por mim)".

As brincadeiras lúdico-agressivas ajudam a conexão física das crianças conosco, promovem o gasto de energia, desenvolvem a força física e a criatividade e nos conectam a elas física e emocionalmente. Lembre-se apenas destas regras: deixe seu filho vencer (na maioria das vezes) e pare a brincadeira caso alguém se machuque. Assim como acontece com as cócegas, quando uma criança pede para parar, faça-o imediatamente. Isso ensina aos nossos filhos que o corpo merece respeito e que eles estão no comando corporal.

Por meio de luta, carinho ou abraços, conecte-se fisicamente com seu filho de modo intencional. O toque, além de relaxante, ajuda as crianças a regularem as emoções. Sem dúvida, uma ótima maneira de manter um relacionamento forte.

Conectar-se brincando

Muitos de nós, adultos ocupados (inclusive eu!), resistimos a nos deitar no chão e brincar com os filhos. Por que não brincam sozinhos? Só a ideia de jogar *Candy Land* me dá vontade de correr e me esconder. Sim, crianças podem e precisam de um tempo livre para brincar, mas também devemos reservar um tempo para entrar naquele mundo infantil e brincar com elas. Brincar é a moeda corrente da infância, ou seja, as crianças precisam dela como de ar e água. Brincando, compreendem o mundo, curam mágoas e desenvolvem confiança nas próprias competências. Quando nos conectamos com nossos filhos de maneira lúdica, reabastecemos seus copos com amor, incentivo e entusiasmo e, literal e figurativamente, conquistamos algo de que talvez necessitemos: "relaxar!".

Dizer sim para brincar com seu filho não deve ser penoso ou tomar muito tempo. Na verdade, as crianças costumam estar prontas para seguir em frente depois de um curto período de tempo de brincadeira. Programe dez minutos no timer e mergulhe de coração na atividade. Pense nisso como uma "meditação lúdica" e pratique estar no aqui e agora, percebendo quando sua mente divaga e julga. Preste atenção ao seu filho com bondade e curiosidade. Por meio das brincadeiras, você terá uma fantástica oportunidade de descobrir quem ele é hoje, de descobrir, de novo, esse ser humano.

Não lembra como brincar? Siga seu filho e temporariamente lhe dê o poder em um mundo onde ele é quase impotente. Geralmente sua função enquanto pai/mãe é bem pequena, como fazer de conta que é o público de um teatro ou de um espetáculo de dança. Por exemplo, dê um tchauzinho e verta lágrimas dramáticas simuladas enquanto seu filho parte para a lua; brinque fazendo-se de bobo e provocando risos; finja tropeçar ou cair. Dedique à criança um "tempo especial", conforme apresentado a seguir.

Qualquer que seja a brincadeira, pratique estar no aqui e agora. Pratique valorizar esse tempo, sabendo que é efêmero e passará à medida que seu filho cresce e se torna mais independente.

PRÁTICA

"Tempo especial"

O tempo especial é uma maneira de darmos às crianças o que elas desejam: 100% da nossa atenção sem nenhuma distração. A premissa é deixar seu filho assumir a posição de líder (enquanto estiver seguro) e concordar em estar preparado para tudo. Os pais que tentam este exercício muitas vezes percebem significativas mudanças positivas no comportamento das crianças. Por quê? Porque reforça a interação.

Veja como fazer:

1. **Anuncie o tempo especial.** Diga ao seu filho: "Vou brincar do que você quiser por dez minutos. As únicas coisas que não podemos fazer são ler ou usar telas. Do que quer brincar?".
2. **Programe um timer.** Dez minutos são ótimos, mas cinco já bastam. Depois de um tempo, tente vinte minutos e veja como se sente. O tempo especial precisa de limites para sinalizar que as regras não são as mesmas da vida normal.
3. **Deixe seu filho liderar.** Durante esse tempo, deixe de lado cuidados exagerados, prioridades, preocupações e julgamentos e permita ao seu filho que tente coisas que você não faria em um milhão de anos. Se ele quiser que você o puxe indefinidamente para a frente e para trás em um skate antigo até que ele caia, resista a "ensinar-lhe" o uso correto, considere essa a brincadeira do dia e torne-a divertida.
4. **Resista ao impulso de julgar ou avaliar a criança.** Não assuma o controle nem proponha ideias, a menos que seu filho peça.
5. **Evite checar o telefone.** Apenas apareça e dê a seu filho o presente de ser visto e reconhecido. Do melhor jeito que conseguir, esteja totalmente no aqui e agora.
6. **Termine o tempo especial quando o timer tocar.** Caso seu filho faça birra ou fique chateado, ofereça a ele a mesma atenção empática que daria a qualquer outro sentimento de irritação.

Tempo especial é uma forma de fazer depósitos vitais na conta bancária do relacionamento. Alguns pais dedicam esse tempo aos filhos diariamente ou várias vezes por semana. Experimente e veja como seu filho reage.

Conectar-se por meio de um trabalho conjunto

Crianças querem ser capazes de fazer todas as coisas que os adultos fazem. Incentive! Elas podem e devem trabalhar conosco no dia a dia. Por exemplo, use um banquinho resistente na cozinha para que ajudem a lavar verduras e legumes e descascar batatas; se forem muito pequenas, podem limpar respingos, separar os guardanapos, ajudar a alimentar o gato e assim por diante. À medida que crescem, suas responsabilidades também devem crescer. Quando as crianças contribuem para o bom funcionamento da casa, isso estimula seu senso de capacidade, o que as empondera. Pense no seu filho como parte da "equipe" da família.

Na verdade, pesquisas demonstram que uma criança que realiza tarefas domésticas tem mais chance de sucesso mais tarde! A dra. Marilynn Rossman, professora da Faculdade de Educação e Desenvolvimento Humano da Universidade de Minnesota, estudou os dados de estudos longitudinais para analisar o "sucesso" baseado em não usar drogas, ter relacionamentos de qualidade, concluir a formação acadêmica e começar uma carreira. Resultado: as crianças mais bem-sucedidas *começaram a fazer tarefas domésticas entre três e quatro anos de idade*, enquanto as que esperaram até a adolescência tiveram menos sucesso. Edward Hallowell, psiquiatra, afirma que as tarefas domésticas criam um tipo de "sentimento de posso-fazer, quero-fazer" que fomenta nos adultos mais jovens o senso de capacidade (Lythcott-Haimes, 2015).

Uma vida inteira de competência e responsabilidade de nossos filhos começa com o tempo que dedicamos a nos conectar com eles por meio do trabalho conjunto. Espere (e insista) que seu filho faça a parte dele, sabendo que, quando o ensina a bater a roupa na máquina e a fazer a cama, está ensinando competências para a vida.

Conectar-se por meio do estímulo verbal

Palavras de incentivo permitem que nossos filhos saibam que acreditamos neles e que estamos ao seu lado. Em vez de se tornarem adultos com a voz crítica da mãe ou do pai na cabeça, eles saberão usar palavras de apoio e confiança para se motivarem e reforçarem comportamentos positivos.

No lugar de "muito bem", use mensagens-eu para elogiar de forma sincera e descritiva. No lugar de palavras vagas e genéricas, seja específico no estímulo: "Gostei de ver sua coragem quando andou naquela bicicleta monstruosa". Aqui estão algumas outras frases que criam conexão por meio do estímulo:

> *Obrigado por sua gentileza.*
> *Fiquei impressionado com seu esforço tentando fazer isso.*
> *O que fez foi muito generoso.*
> *Demonstrou uma enorme capacidade ao lidar com esse desafio.*
> *Adoro suas observações sobre as coisas.*
> *Que imaginação incrível!*
> *Obrigado por me lembrar de como é divertido brincar.*

Uma conexão calorosa, positiva, intencional e consciente é o combustível para um relacionamento cooperativo com a criança. Ela faz depósitos em sua conta bancária do relacionamento, possibilitando os inevitáveis saques posteriores. Toque físico positivo, brincadeiras, trabalho em equipe e elogios são apenas algumas das muitas maneiras de estabelecer conexão. Certifique-se de que seu filho saiba, com frequência, que você o vê, o escuta e o ama, o que fortalecerá o relacionamento durante os inevitáveis tempos difíceis da vida.

HÁBITOS EFICAZES DE PARENTALIDADE

Crianças precisam de amor incondicional, orientação e limites saudáveis. Quando nos focamos em atenção plena, comunicação competente e conexão positiva, estabelecer limites se torna mais fácil, embora nem sempre isso se pareça com um simples passeio no parque. Hábitos de responsabilidade, firmeza e promoção da independência facilitarão o exercício da parentalidade.

Responsabilidades antes da diversão

Definir limites saudáveis significa moderar a natureza selvagem das crianças (mas não a destruir) e orientá-las a se tornarem (em última instância) adultos bons. Às vezes, no esforço de evitar o velho método de ameaças-punições, vamos longe demais na direção oposta, deixando de estabelecer limites firmes. Quando nosso filhos os ultrapassam, devemos, de forma gentil, reagir com controle firme e imediato, evitando assim que se tornem crianças sem consideração pelas necessidades alheias.

É de grande ajuda deixar as diversões para *depois* de nossos filhos concluírem suas responsabilidades. Em minha casa, isso significa que a hora de tela só se concretiza após minhas filhas guardarem as mochilas, alimentarem os gatos, esvaziarem a máquina de lavar louça e colocarem a mesa. A sobremesa vem depois que limpam e arrumam a bagunça toda. Lembre-se: a parentalidade ficará mais fácil se você criar uma cultura de responsabilidades antes de privilégios.

Não use esta abordagem como uma ameaça: "Se você não fizer _____, não vai ter _____". Pelo contrário, pense nisso como: "*Primeiro* fazemos _____ (responsabilidade), *depois* fazemos _____ (diversão)".

Uma vez estabelecida uma cultura de responsabilidades, a perda de um privilégio será uma consequência natural, não uma ameaça. Quando a criança perde uma coisa de que gosta por não finalizar uma tarefa, pratique a calma e a não reatividade, pois não é problema seu. Reaja com empatia aos sentimentos dela, mas mantenha os limites de forma afetuosa.

Constância e ritmo

A vida com crianças ficará bem mais fácil se, em nossos dias e semanas, mantivermos um padrão de constância. Como grande parte da vida dos nossos filhos está além do controle deles, será muito bom que consigam orientar a si mesmos em um ritmo estável. Quando sabem o que esperar, é bem menos provável que resistam.

Ritmo diário

Traga regularidade aos dias dos seus filhos, começando com uma hora certa para dormir, e cedo. Crianças precisam dormir *muito*. Sono insuficiente as torna irritadiças, propensas a birras, não cooperativas e com maior probabilidade de adoecerem. E também prejudica o crescimento.

Como saber se as horas dormidas são suficientes? Resposta: quando nossos filhos acordam sozinhos, revigorados, sem despertador.

Se for uma criança pequena, mantenha a hora da soneca o máximo possível. Mesmo quando for crescendo, um cochilo à tarde é útil para ela e para você! Ambos precisam de um tempo tranquilo, repousante e solitário para restaurar ânimo e servir como uma válvula de pressão. Vale até um tempo em silêncio no quarto, mesmo sem dormir.

Quando estava em casa com minhas crianças em idade pré-escolar, eu as levava à academia quase todos os dias. Eu treinava no meio da manhã, e elas ficavam no espaço de convivência infantil. Esse hábito atendia, ao mesmo tempo, às minhas necessidades de atividades físicas e tempo fora de casa, e às delas, de rotina e socialização. E acabou virando uma força de ancoragem no meu período do "fique em casa, mamãe".

O que você faz regularmente? Pode ser trabalho, escola, creche e outros fatores que criam uma rotina. Engaje-se nessa estrutura e facilite sua vida com as crianças. Se não tem um ritmo regular, use o exercício a seguir como ajuda para criar um.

=== EXERCÍCIO ===

Crie um ritmo diário regular

Além de terem horário para dormir e acordar, as crianças precisam de uma rotina diária. Veja como programá-la.

1. Liste todas as suas tarefas diárias
Reúna informações sobre o que precisa fazer todos os dias. Não se preocupe com a organização da lista; trata-se de um *brain dump*[25], não de uma lista de obrigações. Reserve alguns minutos para anotar tudo o que faz (e tudo de que sente falta, mas deveria estar fazendo) em seu diário "Criando bons humanos". Melhor ainda, relacione todas as tarefas do dia que você precisa realizar no seu smartphone.

Se já tem uma rotina...
Divida as tarefas em:
- As que já realiza e que funcionam bem para você.
- As que precisa acrescentar à sua rotina.

Se está começando do zero...
Responda a estas perguntas:
- O que precisa fazer todos os dias antes de sair de casa?
- O que precisa fazer todos os dias para cuidar da sua criança?
- O que precisa fazer todos os dias referente à alimentação?

---

25 *Brain dump* é um método no qual você reúne todos os pensamentos desordenados que passam por sua cabeça. A tradução literal de *brain dump* seria algo como "despejo de cérebro". (N. da T.)

- Que incumbências precisa resolver diariamente?
- Quando deseja fazer uma breve prática de meditação?
- O que precisa fazer para que consiga se exercitar?
- O que precisa fazer para manter a casa organizada?

Faça a lista. No início, não despreze tarefa nenhuma. Se quiser incluir "escovar os dentes" em sua rotina, ótimo. Liste tudo e edite mais tarde.

2. Crie uma agenda
Agora avalie seus níveis de energia. Pense em que período do dia se sente mais disposto. A maioria das pessoas tem mais energia pela manhã. É importante programar as coisas que exigem mais de você. Pense na agenda como um ritmo, um guia para organizar seus dias, e não uma rotina rígida. Em seu diário, escreva as tarefas mais bem executadas em cada período:

- Matutino.
- Vespertino.
- Noturno.

3. Estabeleça um novo ritmo diário, deixando alguma flexibilidade
Ao estabelecer um ritmo, tente aproveitar o período mais produtivo do dia para as tarefas mais desafiadoras, e o menos produtivo para as tarefas mais rotineiras. Coincida suas atividades com os locais, começando com qualquer coisa que precise ser feita em um determinado horário (como pegar as crianças na escola ou almoçar). Em seguida, defina as tarefas com base no período que acha mais lógico executá-las.

4. Teste sua nova rotina
Teste a nova rotina por algumas semanas. Funcionou? Agendou tarefas e atividades em horários que fazem sentido? Precisa fazer adaptações? Ajuste tudo o que não está funcionando. Avalie seu ritmo diário e veja se a nova rotina está boa para você.

Ritmo semanal

Você também terá uma semana com senso de ordem, constância e fluxo se criar ritmos que auxiliem sua família. Em minha casa, estabelecemos o "Domingo sem tela". Mesmo não sendo religioso, é uma ótima ideia ter um dia de sabá semanal: descanso, tempo ao ar livre ou de interação familiar.

Em nossa família, adotamos a ideia maravilhosa de ter um ritmo previsível para as refeições, proposta do livro *Simplicity Parenting*[26], de Kim Payne. Comida vegetariana no domingo, pizza na segunda, macarrão na terça, sopa na quarta, arroz na quinta, peixe na sexta e liberdade total no sábado. Isso ajudou minhas filhas pequenas a reconhecerem os dias da semana e as tornou menos resistentes às refeições. Também deu uma quebra no ritmo com uma noite em aberto para uma comida prazerosa.

Ritmos semanais podem ser criados com base em uma agenda escolar, aulas ou responsabilidades que envolvam seus filhos, como bater as roupas na máquina ou limpar a casa, ou mesmo atividades regulares como caminhadas ou tempo de lazer/descanso. Qual sua rotina familiar semanal? O que você faz para a semana ser mais rítmica?

Ajudar as crianças no desenvolvimento da independência

Quando eu estava cursando o doutorado, conheci o sistema Montessori de educação. Maria Montessori, educadora revolucionária, percebeu que, quando os adultos criam um ambiente adequado, promovem o desejo *intrínseco* das crianças de aprender e ser independentes. Hoje, se entrarmos em uma sala de aula que aplica o método montessoriano, veremos crianças de apenas dois anos "trabalhando" com um propósito, muitas vezes totalmente absortas nas tarefas. Por que são tão independentes? Para começar, tudo no espaço está no

---

26 Em tradução livre, "Singeleza na parentalidade". (N. da T.)

nível delas: mesinhas, cadeiras, pias, cabides e até vassouras e esfregões, todos pequenos! O ambiente, simples e organizado, permite a locomoção das crianças, que escolhem um trabalho entre uma gama de opções, sentindo-se mais emponderadas.

O que aproveitamos desse método para aplicar em nossa casa? Minha filha começou a frequentar uma sala de aula com método montessoriano aos dois anos de idade e aprendeu a fazer ovos mexidos, e então percebi que ela era muito mais capaz do que eu pensava. Crianças podem e querem fazer mais, mesmo em tenra idade. Nós, pais, devemos mudar o ambiente para que nossos filhos tenham mais poder e independência.

Imagine-se com um metro de altura e tentando se locomover em casa. Conseguiria pegar um copo d'água? Alcançar as toalhas de papel para limpar alguma coisa? Pendurar uma roupa? Provavelmente não. Para uma pessoa pequena em um mundo de gente grande, muitas vezes é impossível fazer algo sozinha. Modifique algumas coisas em casa para estimular o desejo da sua criança para o "eu mesma faço":

- Instale cabideiros em nível adequado para pendurar roupas.
- Coloque um pequeno jarro e copos de material resistente para que ela pegue água.
- Deixe esponjas e panos de limpeza ao alcance dela.
- Tenha um banco de cozinha resistente para que ela consiga movimentá-lo sozinha.

Tanto quanto possível, dê à criança ferramentas de verdade. Na seção "Leituras recomendadas" e "Recursos on-line" deste livro, compartilhei o catálogo do site For Small Hands, que oferece ferramentas reais – ancinhos, vassouras e muito mais – com tamanho adequado a uma criança. Quando minhas filhas eram pequenas, ajudavam a cortar vegetais usando um cortador em aço inoxidável ondulado que conseguiam segurar com ambas as mãos. Tinham também um borrifador (com uma solução totalmente natural de vinagre branco e água) para ajudar a limpar alguns objetos e as mesas.

Quando você modifica o ambiente para ajudar a criança a ser independente, cria expectativas saudáveis de competência e contribuição e deixa de lado o papel de servente, que se levanta para pegar um copo d'água para ela. Deixe que aja sozinha e que desenvolva mais autossuficiência e competência. De início, é necessário mais tempo para facilitar a ajuda de seu filho, mas, com algum esforço, as coisas ficam mais fáceis no longo prazo. Sem dúvida, um investimento que compensa.

SIMPLIFICAR PARA ESTIMULAR A VIDA EM UM LAR TRANQUILO

Um dos maiores desafios da parentalidade de atenção plena é o problema do *exagero*. Todos parecemos lutar contra o estresse de agendas lotadas e uma superabundância de coisas. No entanto, como na fábula do sapo na panela de água fria, que lentamente aquece até ferver, muitas vezes não percebemos o problema até que se torne insuportável. Nossa cultura consumista grita para irmos comprar, comprar e comprar, como se esse fosse o caminho para a felicidade, mas, assim como exagerar nos doces nos deixa doentes, coisas demais e agenda lotada nos deixam estressados, ansiosos e incapazes de apreciar a abundância que acumulamos.

Crianças, que naturalmente são menos acostumadas ao nosso estilo frenético de vida, sentem o estresse e reagem de maneiras às vezes imprevisíveis. Por conta própria, movem-se em um ritmo muito mais lento (como já deve ter notado), vivendo plenamente o momento e imergindo no próprio mundo. O excesso de atividades as priva do tempo para ver, tocar, cheirar e ouvir o mundo, isto é, do espaço para autoexploração e autoconhecimento.

Junte-se a mim na luta contra a "cultura do mais é melhor" pelo bem da criança (e da sanidade dos pais). Vamos simplificar e fomentar em nossos filhos o senso natural de segurança, tranquilidade e admiração.

Simplificar as agendas

Um amigo me contou a história de uma família com filhos adolescentes que sofriam de ansiedade e faziam terapia. Chegavam às sessões espremidos entre os horários da natação e do futebol, comendo fast-food no caminho porque não tinham tempo de jantar. Cada dia se inundavam de atividades e eventos que, individualmente, são maravilhosos, mas somados criavam uma agenda com tempo zero para o lazer ou até o descanso. Não demorou muito para constatar que a ansiedade dos jovens era perpetuada, se não desencadeada, por dias lotados.

À medida que as crianças têm agendas cada vez mais preenchidas, ocorre um comprometimento da saúde mental delas. Cursos universitários começaram a notar esse impacto nos alunos. Uma pesquisa de 2013 da American College Health Association envolvendo quase cem mil alunos descobriu que mais da metade se sentia sobrecarregada, melancólica e devastadoramente ansiosa (Lythcott-Haims, 2015). Embora a intenção parental seja boa, carregar as agendas das crianças com atividades de "enriquecimento" extracurricular na verdade tem um efeito adverso.

As crianças, assim como todos nós, precisam de tempo livre para equilibrar suas atividades, conhecerem a si mesmas e sentirem-se em paz. Imagine que, para crianças absortas em brincadeiras de faz de conta e completamente focadas, o mundo ao redor desaparece. Essa é uma das atividades mais fundamentais que podem realizar – processar seu mundo e seus sentimentos, curar mágoas e expandir sua criatividade em tempo e ritmo próprios. Sem esse exercício lúdico, tendem a ficar mais nervosas e menos capazes de relaxar ou dormir (Payne, 2009).

Não há como criar ações para fomentar isso, ou seja, não existem aulas para "enriquecer" esse tipo de criatividade. Em vez disso, devemos deixar tempo e espaço para brincadeiras livres sem supervisão (mas seguras) e confiar no descanso como caminho essencial para a criatividade e o desenvolvimento da identidade das crianças. Uma agenda superlotada promove o estresse.

Talvez você se preocupe com a possibilidade de a criança se entediar ao lhe permitir tempo para brincadeiras livres e não estruturadas. Tem razão. No entanto, é bom que fiquem entediadas! Em *Simplicity Parenting*, Kim Payne, escritor e terapeuta-consultor, caracteriza o tédio como um "presente", descrevendo-o como o precursor da criatividade. Em minha experiência, repetidas vezes confirmei a veracidade disso. Quando minhas filhas eram pequenas, demos a ambas muito tempo não estruturado para brincarem, e disso aflorou uma abundância de encenações, fortalezas, desenhos, fantoches e elaborados mundos para os bichinhos de pelúcia.

O que dizer quando as crianças reclamarem de tédio? Recomendo a resposta simples e direta de Payne: "Basta que virem a esquina e vão encontrar alguma coisa para fazer". Não as auxilie nem as entretenha. Elas encontrarão o que fazer.

Ao constatar que seus amigos estão inscrevendo os filhos em idade pré-escolar no futebol e na ginástica acrobática, talvez receie que o tempo dedicado às brincadeiras livres coloque seus filhos em desvantagem. Não. O tempo para as brincadeiras não estruturadas é nada menos do que *vital* para o desenvolvimento das crianças.

Em mais de 6 mil "históricos lúdicos" de pacientes, Stuart Brown, psiquiatra e pesquisador, encontrou uma correlação direta entre o comportamento lúdico e a felicidade, desde a infância até a idade adulta. As crianças privadas de brincar têm dificuldade em controlar as emoções, apresentam falta de resiliência e curiosidade e costumam ser inflexíveis e agressivas (Brown, 2009). O dr. Brown estudou homicidas nas prisões texanas e descobriu que nenhum deles jamais havia experimentado brincadeiras lúdico-agressivas, ou seja, eram homens violentos e antissociais que não tiveram o aprendizado resultante desse tipo de atividade. As brincadeiras não estruturadas ensinam as crianças a moderar seu comportamento e as ajuda a desenvolver o autocontrole, aspectos essenciais do ser humano.

Nosso tempo de lazer, cada vez mais reduzido, prejudica as crianças. Devemos reagir e recuperar esse tempo. Seu filho está em vários grupos ou atividades? Você vive correndo de um lado para o outro? Tome medidas para simplificar essa agenda e proteger o tempo dele.

Não diga sim a todas as festas ou eventos de aniversário do círculo de amigos. Há tanta coisa acontecendo na vida hoje que nosso trabalho é muitas vezes pular de um evento para outro. O ideal é dar ao seu filho tempo livre não estruturado *diariamente* para brincar e sonhar acordado. Quando ele tiver um dia agitado, equilibre-o com outro tranquilo. Ao simplificar a agenda da criança, estará dando a ela um presente eterno: uma verdadeira infância.

Simplificar o ambiente

Nossa vida é repleta não apenas de eventos, mas também de coisas. Desde a gravidez, nossa cultura bombardeia as mulheres com uma lista interminável de compras "obrigatórias". Mais tarde, nos quartos das crianças transbordam brinquedos, gavetas abarrotadas, paredes cobertas de pôsteres, armários entupidos e pisos escondidos sob uma camada multicolorida e cada vez maior de *coisas*. Em *Simplicity Parenting*, Kim Payne sugere que essa profusão de produtos e brinquedos não é apenas um sintoma de excesso, mas uma *causa* de estresse, fragmentação e sobrecarga nas crianças. Ele argumenta que nossa cultura de consumo cria um senso de legitimidade nas crianças, uma falsa confiança em "objetos de consumo" – em lugar de pessoas – para se satisfazer e se apoiar emocionalmente (Payne, 2009).

Imagine uma enorme pilha de brinquedos diante das crianças, que acabam achando a situação opressora em virtude do excesso de opções. Não sabem o que há no meio da pilha e não dão muito valor a nada ali. Quando confrontadas com opções excessivas, subestimam os brinquedos e optam por esperar algo mais. Além disso, a limpeza vira uma enorme provação. Embora queiramos ser generosos, ser bons provedores e estimular a imaginação dos nossos filhos, muitas vezes o resultado é a sensação de sobrecarga pelo excesso de coisas.

Quando minha filha tinha dois anos, percebi que as pilhas cada vez maiores estavam começando a entulhar a casa. Ainda que meio receosa de jogar coisas fora, simplifiquei o ambiente. Enquanto ela estava na pré-escola, mudei radicalmente o quarto, eliminando a maioria dos brinquedos e transformando-o em um espaço amplo e atraente. Quando voltou para casa, fiquei apreensiva com sua reação: piraria e faria birra exigindo as coisas de volta? Para minha surpresa, adorou o quarto. E ainda me agradeceu por torná-lo tão bonito e começou imediatamente a brincar.

As crianças sentem-se mais à vontade e conseguem se concentrar melhor em um quarto menos entulhado. Simplificar significa menos desordem e espaço mais arejado, mais relaxante, o que pode até reduzir problemas comportamentais. Nossos filhos vão valorizar mais as coisas. Menos pertences significa reduzir o peso de nossas responsabilidades, pois gastamos menos tempo com cuidados, manutenção, procura de coisas e armazenamento. Portanto, menos implica mais, mais facilidade, mais tempo para você se dedicar ao que é de fato importante.

Como simplificar? Sugiro-lhe que comece com brinquedos. Escolha um horário em que a criança não esteja em casa, reúna todos os brinquedos e os reduza radicalmente. Jogue alguns fora, doe outros, guarde alguns para revezá-los. Mas, cuidado! Use um armazenamento temporário por algumas semanas para recuperar algum brinquedo particularmente querido. Kim Payne sugere uma lista para descarte, incluindo:

- Os quebrados.
- Os inadequados para a faixa etária da criança.
- Os de personagens de filmes.
- Os que "fazem muitas coisas" e quebram com muita facilidade.
- Os de estimulação exagerada.
- Os irritantes ou ofensivos.
- Os comprados por pressão.
- Os repetidos.

O que sobrou? Mantenha brinquedos que estimulem a imaginação e a criatividade, como ferramentas, bonecos e fantoches, instrumentos musicais e assim por diante. Lembro-me de ter achado algumas mães meio doidas ao darem cachecóis para os filhos brincarem, mas descobri que são um brinquedo maravilhoso, pois podem virar itens de decoração, suportes estruturais, cortinas de teatro e muito mais!

Mantenha coisas que sirvam para a imaginação dos mais diferentes projetos. Deixe no ambiente apenas o que a criança consegue guardar sozinha em cinco minutos, de forma organizada e agradável. Também reveze os brinquedos, o que faz com que pareçam novos.

Depois de simplificar os brinquedos, olhe para as outras áreas da vida e da casa relacionadas à criança. Reduza a quantidade de roupas nas gavetas para ajudar seu filho a se vestir sozinho. Reduza o excesso no restante dos cômodos para mais facilidade e liberdade. Lembre-se de que estamos sempre servindo de modelo para nossos filhos. Menos coisas significa menos tempo de cuidados com a casa e mais tempo de foco no que é importante.

Simplificar as telas

Nossos filhos estão crescendo em um mundo muito diferente daquele da nossa infância. Agora dispomos de um portal para todo tipo de informação e entretenimento que podem ser guardados nos bolsos. As telas são tão hipnotizantes e irresistíveis para as crianças e para nós, assim, se quisermos que cresçam com os pés no chão, cabe a nós o estabelecimento de limites para o tempo de uso.

Convido-o a considerar a questão das crianças e do tempo de tela a partir do meio-termo: nem o extremo do acesso ilimitado nem o extremo da proibição total, para, desse modo, as ensinarmos a viver com atenção plena em um mundo onde as telas são onipresentes. A tecnologia digital propicia excelentes oportunidades de criatividade, resolução de problemas e aprendizagem, mas o tempo gasto nas telas restringe a interação no mundo real. Minha filha se emocionou quando aprendeu a programar um jogo, e eu me alegrei. No entanto, no mundo digital também há conteúdo sexualizado e violento. O American College of Pediatricians (2016) alerta que muito tempo de tela traz risco de obesidade, transtornos de sono, depressão e ansiedade. Sem dúvida, a tecnologia digital tem um grande impacto em nossa vida, portanto, a questão é como estabelecer limites saudáveis de uso.

Observe sua relação com a tecnologia. Gosta de assistir à TV ou de jogar on-line? Verifica constantemente o celular? Fala ao telefone quando está dirigindo? Impõe limites ao seu tempo de tela? As crianças veem como vivemos e aprendem com isso. Ao se perguntar "O que é saudável para meu filho?", veja primeiro as mudanças que pode fazer no seu próprio uso de tecnologia. Pense em você mesmo como modelo do uso de mídia e ensine seu filho a conviver de forma equilibrada com a tecnologia digital.

Que tipo de limites são positivos para as crianças? O ideal é postergar o tempo de tela para os bebês. A partir dos dois anos, já vale a introdução de algum conteúdo. Mas seja exigente quanto à qualidade do que está apresentando às crianças e ao limite do tempo de uso. Conforme seu filho crescer, converse com ele sobre como se sente em relação ao tempo de tela. Procure usar a solução de problemas "ganha-ganha" para que definam juntos limites saudáveis. No decorrer da infância de seu filho, pense no tempo de tela como uma conversa sempre em evolução à qual você pode aplicar um senso de curiosidade com atenção plena.

Dicas relativas às telas:

- Use senhas nos dispositivos para que sua criança lhe peça que os desbloqueie.
- Utilize o controle parental em dispositivos para filtrar e bloquear violência e pornografia.
- Estabeleça limites para o tempo de tela.
- Mantenha todas as telas e tecnologia em espaços familiares "públicos". Carregue os telefones em espaços públicos/familiares.
- Não permita tempo de tela de trinta minutos a uma hora antes do horário de dormir. A luz forte pode interferir no sono.
- Resista a entregar seu celular às crianças enquanto espera em filas ou dirige o carro.
- Crie um dia de desintoxicação digital por semana (ou parte do dia). Temos um "domingo sem tela" em casa.

- Certifique-se de que responsabilidades como tarefas domésticas e lições de casa sejam feitas antes do tempo de tela.
- Não permita o uso de celulares durante as refeições.
- Insista em tomar um pouco de ar fresco e praticar atividades físicas antes do tempo de tela.
- Postergue a entrega de um smartphone. Considere fazer a promessa "não ser afoito, esperar até os oito" para resistir à pressão de comprar um smartphone mais cedo.

Em vez de ligar uma tela, nosso filho pode se divertir com brinquedos, desenhos, leituras ou tarefas domésticas. Audiolivros e podcasts para crianças são ótimas alternativas para o tempo de tela. E lembre-se de que não há problema (é até bom) se elas às vezes ficarem entediadas. No entanto, *você precisa fazer o que fala*. Eu costumava manter o celular no quarto para usá-lo como despertador até que minha filha chamou minha atenção: não deveríamos ter tecnologia nos quartos. Dessa forma, eu o levei para outro cômodo e comprei um despertador. Sirva como modelo do tipo de uso de mídia que deseja para suas crianças. Com limites saudáveis, mostramos a elas como manter uma relação equilibrada com a tecnologia digital.

O ambiente em casa tem grande impacto na sua capacidade de manter os pés no chão e de se comunicar de modo competente com sua criança. Em vez de ficar sobrecarregado pela desordem e pelo trabalho, siga um ritmo mais lento e incorpore mais simplicidade à vida. Reduzir o estresse e manter o foco facilita a prática da meditação, da atenção plena e da compaixão, o que se perpetuará pelo resto da vida. Isso o ajuda a se lembrar de se conectar amorosamente com as crianças.

MUDANDO PARA UMA VIDA DE ATENÇÃO PLENA

Não há apenas uma coisa que transformará o relacionamento com seu filho em um vínculo cooperativo. Pense nas ferramentas e práticas que aprendeu aqui como um guia para uma mudança gradual de longo prazo. Efetuar mudanças não depende apenas de calma, de palavras ou da relativa bagunça que anda sua vida, pois tudo isso impacta junto. O começo está em algo sobre o qual tem controle: em você mesmo.

Perceba suas frustrações na parentalidade e considere-as professoras. Deixe que os erros e os passos em falso o motivem. Quando penso em como sofria no início da parentalidade – às vezes me sentindo frustrada e soluçando deitada no chão, certa de que estava falhando – e comparo aqueles momentos aos de hoje, quando conquistei uma atitude positiva, um relacionamento amoroso (imperfeito) de pessoa para pessoa com minhas filhas, não mudaria absolutamente nada. Aqueles desafios me revelaram o aprendizado de que precisava, motivaram-me a buscar as competências que compartilho aqui e a mudar minha vida familiar.

Ao seguir essa jornada, lembre-se de que o perfeito inexiste. Aceitar e esperar nossos inevitáveis lapsos humanos nos ajuda a reconhecer nossa humanidade comum – para nós mesmos e para nossos filhos. Não se culpe se gritar. Ainda grito de vez em quando! Considere o momento como uma oportunidade de praticar o Começar de Novo, uma oportunidade de mostrar às crianças como agir diante de um erro. Ao seguir sua jornada, pense em progresso, não em perfeição.

No podcast Mindful Mama, fiz a mesma pergunta a um grupo de especialistas: "Do que as crianças precisam?". Entre as respostas em destaque, estava amor *incondicional* – amar nossos filhos estejam eles em um bom dia ou em uma situação de sofrimento. Se crescerem conhecendo o amor incondicional, terão o melhor alicerce para uma vida adulta emocionalmente saudável, o que lhes permitirá enfrentar os desafios com os pés no chão. Como conseguimos lhes dar amor incondicional? Pelo exemplo de amor e aceitação de nós mesmos, pelo treino regular das práticas de meditação e bondade amorosa. Continue assim.

Lembre-se de que nossos velhos hábitos são familiares e resistentes. É preciso prática diligente para trazer a atenção plena ao cotidiano e aprender como reagir com empatia e competência diante das crianças. Pode demorar um pouco, mas não desista! Seja persistente em aprender e praticar esse "novo idioma". Conforme a criança crescer, a parentalidade será cada vez mais fácil (e cada vez mais difícil e árdua aos pais que recorrem às antigas modalidades). Criar relacionamentos intensos e duradouros significa ter em mente uma visão de longo prazo.

O esforço de criar pessoas boas terá um impacto positivo não apenas na família, mas também na comunidade e nas gerações futuras. Crianças que crescem sentindo-se vistas, ouvidas e amadas serão uma força poderosa para o bem. Crianças que sabem resolver problemas de forma a atender às necessidades de todos vão ajudar a evoluir o modo como interagimos enquanto seres humanos. São esforços com efeito cascata. Mas, melhor que tudo isso, você manterá um relacionamento amoroso para o resto da vida. Seu empenho poderá fazer toda a diferença para a pessoa mais importante do mundo: seu filho.

NESTA SEMANA, E DAÍ POR DIANTE, PRATIQUE...

- meditação sentada ou meditação de escaneamento corporal de cinco a dez minutos
- bondade amorosa
- um tempo especial
- um ritmo diário
- a modificação de um espaço da casa

AGRADECIMENTOS

Escrever pode parecer um ato solitário, mas na verdade contei com uma aldeia de pessoas que me ajudaram a escrever este livro. Em primeiro lugar, agradeço a Bill, meu marido, meu primeiro editor e fonte inesgotável de apoio durante todo este processo. Obrigada por acreditar em mim.

Para minha família: mãe, obrigada pelo incentivo e ternura. Obrigada por ser um exemplo de receptividade e compaixão. Jared, obrigada por me fazer rir; amo muito você. Gratidão ao meu pai: que o temperamento que compartilhamos atue como um catalisador para o bem no mundo. Agradeço seu empolgado incentivo quando eu era criança e sua crença contínua em mim.

Para Carla Naumburg: obrigada por ser uma amiga excepcional e apoiar meu trabalho. Eu não conseguiria sem você. Sua generosidade e sabedoria fizeram uma diferença gigantesca em minha vida.

Aos meus alunos do curso "Parentalidade consciente": obrigada pelo compartilhamento sincero, pela autenticidade e pela incorporação deste trabalho em suas vidas.

Aos meus editores: obrigada pelo desafio de amadurecer minha escrita.

Não posso concluir esta página sem expressar minha gratidão aos meus amigos. Obrigada pelos abraços, pelo aconchego, pelos conselhos sábios, pela atenção e muito mais: Margaret Winslow, Jeannie Stith-Mawhinney, Sarah Andrus, Kari Gormley, Allana Taranto, Kate Castro, Jennifer Curley, Clare Consavage, Lindsey Mix, Lisa Surbrook, Andrea Zatarain, Annie Gutsche, Ariel Gruswitz, Judy Morris, Heather Toupin, Amanda Bostick, Kyara Beck, Meagan Bergeron e Josie Marsh.

Por fim, uma reverência profunda de gratidão aos meus mestres: Thich Nhat Hanh, Tara Brach, Cathy e Todd Adams, Jack Kornfield, Dan Siegel e Mary Hartzell, entre outros. Este livro não existiria sem sua sabedoria e orientação. Obrigada por compartilharem sua voz e ajudarem no despertar de minha inspiração.

LEITURAS RECOMENDADAS

Livros

Anh's Anger, de Gail Silver

Pais e mães conscientes: como transformar nossas vidas para empoderar nossos filhos, de Shefali Tsabary

Como falar com crianças pequenas... Para que ouçam e se desenvolvam, de Joanna Faber e Julie King

The Happiness Trap (ilustrado), de Russ Harris

How to Be a Happier Parent, de KJ Dell'Antonia

How to Stop Losing Your Sh*t with Your Kids, de Carla Naumburg

Parent Effectiveness Training, de Thomas Gordon

Parentalidade consciente: como o autoconhecimento nos ajuda a criar nossos filhos, de Daniel J. Siegel e Mary Hartzell

Paz mental: tornar-se completamente presente, de Thich Nhat Hanh

Planting Seeds: Practicing Mindfulness with Children, de Thich Nhat Hanh

Playful Parenting, de Lawrence J. Cohen

A real felicidade: o poder da meditação, de Sharon Salzberg

Simplicity Parenting, de Kim John Payne

Sites e aplicativos

Aplicativo gratuito Insight Timer (redução de estresse, ansiedade e insônia): https://insighttimer.com/br

Catálogo For Small Hands: https://forsmallhands.com

Conjunto de ferramentas Time-In para uma geração consciente: https://genmindful.com

Go Zen para crianças (programas on-line de aprendizagem social e emocional): https://gozen.com

REFERÊNCIAS

Adams, Cathy. *Living What You Want Your Kids To Learn*. Deadwood: Be U/Wyatt-MacKenzie, 2014.

American College of Pediatricians. 2016. The Impact of Media Use and Screen Time on Children, Adolescents, and Families. Disponível em: <https://acpeds.org/position-statements/the-impact-of-media-use-and-screen-time-on-children-adolescents-and-families>. Acessado em: 24 ago. 2021.

Bertelli, Cedric. Turn on Your Healing Superpower with Cedric Bertelli. Podcast *Mindful Mama*. 18 set. 2018. Disponível em: <https://www.mindfulmamamentor.com/blog/turn-on-your-healing-superpower-cedric-bertolli-133/>. Acessado em: 24 ago. 2021.

Bögels, Susan & Restifo, Kathleen. *Mindful Parenting: A Guide for Mental Health Practitioners*. Nova York: Springer, 2014.

Brach, Tara. *Radical Acceptance*. Nova York: Bantam Dell, 2003. Publicado no Brasil com o título *Aceitação radical: como despertar o amor que cura o medo e a vergonha dentro de nós*. Rio de Janeiro: Sextante, 2021.

Brown, Brené. *Daring Greatly*. Nova York: Avery/Penguin Random House, 2012. Publicado no Brasil com o título *A coragem de ser imperfeito*. Rio de Janeiro: Sextante, 2013.

Brown, Stuart. Discovering the Importance of Play Through Personal Histories and Brain Images. *American Journal of Play*, 2009, 1(4).

Cohen, Lawrence J. *Playful Parenting*. Nova York: Ballantine Books, 2001.

Corliss, Julie. Mindfulness Meditation May Ease Anxiety, Mental Stress. *Harvard Health Blog*. Boston: Harvard Health Publishing, 2014.

Cullen, Margaret & Brito Pons, Gonzalo. Taming the Raging Fire Within. *Mindful*, 2016, 3(6): 56-63.

Davidson, Richard J.; Kabat-Zinn, Jon; Schumacher, Jessica; Rosenkranz, Melissa; Muller, Daniel; Santorelli, Saki F.; Urbanowski, Ferris; Harrington, Anne; Bonus, Katherine; Sheridan, John F. Alterations in Brain and Immune Function Produced by Mindfulness Meditation. *Psychosomatic Medicine*, 2002, 65(4): 564-570.

Dyer, Wayne W. *The Power of Intention*. Carlsbad: Hay House, Inc, 2004. Publicado no Brasil com o título *A força da intenção*. Rio de Janeiro: Nova Era/Record, 2006.

Fredrickson, B. L.; Cohn, M. A.; Coffey, K. A.; Pek, J.; Finkel, S.M. Open Hearts Build Lives: Positive Emotions, Induced Through Loving-Kindness Meditation, Build Consequential Personal Resources. *Journal of Personality and Social Psychology*, 2008, 95(5): 1,045-1,062.

Gershoff, Elizabeth T.; Grogan-Kaylor, Andrew; Lansford, Jennifer E.; Chang, Lei; Deater-Deckard, Arnaldo Zelli Kirby; Dodge, Kenneth A. Parent Discipline Practices in an International Sample: Associations with Child Behaviors and Moderation by Perceived Normativeness. *Child Development*, 2010, 81(2): 487-502.

Gordon, Thomas. *Parent Effectiveness Training*. Nova York: David McKay Company, 1970.

Ireland, Tom. What Does Mindfulness Meditation Do to Your Brain? *Scientific American Blog*. 12 jun. 2014. Disponível em: <https://blogs.scientificamerican.com/guest-blog/what-does-mindfulness-meditation-do-to-your-brain>. Acessado em: 24 ago. 2021.

Kabat-Zinn, Jon. *Wherever You Go, There You Are*. Nova York: Hyperion, 1994. Publicado no Brasil com o título *Aonde quer que você vá, é você que está lá*. Rio de Janeiro: Sextante, 2020.

_____. *Full Catastrophe Living*. Nova York: Bantam Books, 2013. Publicado no Brasil com o título *Viver a catástrofe total*. São Paulo: Palas Athena, 2017.

_____. *Meditation Is Not What You Think*. Nova York: Hyperion, 2018. Publicado no Brasil com o título Meditação é mais do que você pensa. São Paulo: Planeta, 2019.

Lewis, Katherine Reynolds. *The Good News About Bad Behavior*. Nova York: Public Affairs, 2018.

Lythcott-Haims, Julie. *How to Raise an Adult*. Nova York: Henry Holt and Company, LLC, 2015. Publicado no Brasil com o título *Como criar um adulto*. Rio de Janeiro: Rocco, 2016.

Markham, Laura. *Peaceful Parent, Happy Siblings*. Nova York: Penguin Group, 2015. Publicado no Brasil com o título *Pais e mães serenos, filhos felizes*. São Paulo: nVersos, 2019.

McCraith, Sheila. *Yell Less Love More*. Boston: Fair Winds Press, 2014.

Neff, Kristin. "The Motivational Power of Self-Compassion". The Huffington Post. 29 jul. 2011a. Disponível em: <https://www.huffpost.com/entry/self-compassion_n_865912>. Acessado em: 24 ago. 2021.

_____. *Self-Compassion*. Nova York: William Morrow/HarperCollins Publishers, 2011. Publicado no Brasil com o título *Autocompaixão: pare de se torturar e deixe a insegurança para trás*. Teresópolis: Lúcida Letra, 2017.

Nhat Hanh, Thich. *No Death, No Fear*. Nova York: Riverhead Books, 2003. Publicado no Brasil com o título *Sem morrer, sem temer: sabedoria confortante para a vida*. São Paulo: Petrópolis: Vozes, 2020.

_____. *The Miracle of Mindfulness*. Boston: Beacon Press, 1975. Publicado no Brasil com o título *O milagre da atenção plena: uma introdução à prática da meditação*. Petrópolis: Vozes, 2018.

Payne, Kim John. *Simplicity Parenting*. Nova York: Ballantine Books, 2009.

Salzberg, Sharon. *Real Happiness*. Nova York: Workman Publishing Company, 2011. Publicado no Brasil com o título *A real felicidade: o poder da meditação*. Rio de Janeiro: Magnitudde, 2012.

Seltzer, Leon F. You Only Get More of What You Resist – Why? *Psychology Today*. 15 jun. 2016. Disponível em: <https://www.psychologytoday.com/us/blog/evolution-the-self/201606/you-only-get-more-what-you-resist-why>. Acessado em: 24 ago. 2021.

Shapiro, Shauna & White, Chris. *Mindful Discipline*. Oakland: New Harbinger Publications, 2014.

Siegel, Daniel J. The Science of Wellbeing – Dr. Dan Siegel. Podcast *Mindful Mama*. 30 out. 2018. Disponível em: <https://www.mindfulmamamentor.com/blog/the-science-of-presence-dr-dan-siegel-139/>. Acessado em: 24 ago. 2021.

Siegel, Daniel J. & Hartzell, Mary. *Parenting from the Inside Out*. Nova York: Jeremy P. Tarcher/Penguin, 2014. Publicado no Brasil com o título *Parentalidade consciente: como o autoconhecimento nos ajuda a criar nossos filhos*. São Paulo: nVersos, 2020.

Siegel, Daniel J. & Bryson, Tina Payne. *The Whole-Brain Child*. Nova York: Bantam Books, 2011. Publicado no Brasil com o título *O cérebro da criança: 12 estratégias revolucionárias para nutrir a mente em desenvolvimento do seu filho e ajudar sua família a prosperar*. São Paulo: nVersos, 2015.

Sofer, Oren Jay. *Say What You Mean*. Boulder: Shambala Publications, 2018.

Wang, Ming-Te & Kenny, Sarah. Longitudinal Links Between Fathers' and Mothers' Harsh Verbal Discipline and Adolescents' Conduct Problems and Depressive Symptoms. *Child Development*, 2013, 85, (3): 908 – 923. Disponível em: <https://doi.org/10.1111/cdev.12143>. Acessado em: 24 ago. 2021.

Winnicott, D. W. *The Child, the Family, and the Outside World*. Londres: Penguin Books, 1973. Publicado no Brasil com o título A criança e seu mundo. 6.ed. Rio de Janeiro: LTC, 2019.

Wiseman, Theresa. A Concept Analysis of Empathy. *Journal of Advanced Nursing*, 1996, 23(6): 1,162-1,167.

Esta obra foi composta em Sabon LT
e Karmina Sans e impressa em papel
Pólen Soft 70 g/m² pela BMF Gráfica e Editora.